·2018年福建省中青年教师科研项目教育科研项目（JZ180693）

闽南民俗体育教程

主　编　杨明霞

副主编　张红艳　陈东波　高麟莅

莫丽娟　江　吟　黄凤群

厦门大学出版社 国家一级出版社
XIAMEN UNIVERSITY PRESS 全国百佳图书出版单位

图书在版编目(CIP)数据

闽南民俗体育教程/杨明霞主编.—厦门:厦门大学出版社,2020.8
ISBN 978-7-5615-5386-2

Ⅰ.①闽… Ⅱ.①杨… Ⅲ.①民族形式体育—福建—高等职业教育—教材
Ⅳ.①G852.9

中国版本图书馆 CIP 数据核字(2020)第 112458 号

出 版 人 郑文礼
责任编辑 眭 蔚
封面设计 李嘉彬
技术编辑 许克华

出版发行 厦门大学出版社
社 址 厦门市软件园二期望海路 39 号
邮政编码 361008
总 机 0592-2181111 0592-2181406(传真)
营销中心 0592-2184458 0592-2181365
网 址 http://www.xmupress.com
邮 箱 xmup@xmupress.com
印 刷 虎彩印艺股份有限公司

开本 787 mm×1 092 mm 1/16
印张 10.5
字数 225 千字
版次 2020 年 8 月第 1 版
印次 2020 年 8 月第 1 次印刷
定价 36.00 元

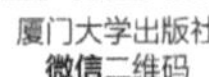

厦门大学出版社
微信二维码

厦门大学出版社
微博二维码

前 言

闽南指的是福建的南部，其分布范围包括被称作“厦、漳、泉金三角”的厦门市、漳州市、泉州市以及所辖的区、市、县。下辖的县市包括泉州市（石狮市、晋江市、南安市、惠安县、安溪县、永春县、德化县)、金门县、厦门市、漳州市（龙海市、云霄县、漳浦县、诏安县、长泰县、东山县、南靖县、平和县、华安县)，以及三明市（大田县）等部分使用闽南语的地区。

民俗指的是一个国家或民族中为广大民众所创造、享用和传承的生活文化。闽南民俗文化是由闽南地区独特的地理环境、中原人民多次移民入闽和漫长的历史演变与文化磨合而逐渐造就的，具有鲜明的特色和丰富的内涵。闽南民俗体育作为闽南民俗的一部分，是融于闽南人民日常风俗习惯中的一种传统性、集体性、生活化和模式化的体育活动。它不仅是一种体育文化，同时也是一种生活文化。近几十年来，随着社会、经济和文化的不断发展，民俗体育活动的形式和内涵也有所变化，从过去娱神、祭祀、祈福逐渐转化为娱人、追求乐趣、享受生活。现在，闽南民俗体育文化在全民健身活动中发挥的作用越来越大，逐渐成为闽南人民日常生活、节日消遣和度假休闲时必不可少的重要内容。但是，民俗体育文化的传承并不简单，需要与现代文化意识相互融合，这样才能适应现代社会的需要，迎合现代人追求健康、休闲和娱乐等需求。

基于上述思考，我们撰写了这本《闽南民俗体育教程》，对闽南民俗体育文化做出轮廓性的勾勒，并对五祖拳、宋江阵、大鼓凉伞和拍胸舞这四个民俗体育项目的实践进行论述，以期可以将珍贵的闽南非物质文化遗产进行推广，从而更加有效地将其传承。

全书共分六章。第一章为民俗体育概述部分，论述了民俗体育的起源、特征、价值及功能等内容。第二章主要对闽南文化的发展过程和基本内涵进行研究，分析了闽南地区体育文化的不同特征和闽南民俗体育文化的形成与发展过程。第三章至第六章是本书的核心部分，分别对五祖拳、宋江阵、大鼓凉伞和拍胸舞这四个独具特色的闽南民俗体育项目进行分析，旨在更好地推动闽南民俗体育文化的保护与传承。

本书在编写的过程中，参考了许多国内外专家学者的研究成果，在此向他们的辛勤付出表示衷心感谢。由于语言表述水平所限，书中如有不足之处，望读者批评指正。

作　者

2020 年 4 月

目　录

第一章　民俗体育概述

第一节　民俗体育的起源与特征

民俗体育是传统民俗文化和传统体育文化的结晶。有研究表明，我国古代就有了关于民俗体育的记载。例如，东汉时期著名史学家、文学家班固在《汉书·礼乐志》中对巴渝舞的记载和南北朝时期著名学者宗懔在《荆楚岁时记》中对龙舟竞渡的描述等。近年来，民俗体育开始受到广大体育工作者的广泛关注，对于民俗体育项目、民俗体育文化传承的研究不断增多。要想对民俗体育项目进行深入的挖掘，首先需要了解民俗体育的起源与特征，这样才能为民俗体育的现代化发展做好铺垫，使民俗体育能够更好地进行创新与传承。

一、民俗体育起源

（一）源于劳动实践

在我国古代，各民族人民居住在一定的地区内，使得他们在特定的生产方式和生活方式下形成了自己特有的民俗体育文化。在长期的历史发展过程中，虽然生存空间等发生了变化，但是各族人民还保存着本民族的民俗体育。民俗体育与群众的生活具有非常密切的联系，有一部分民俗体育直接从日常的劳动实践中演化而来。例如，在我国广西壮族自治区都安、马山、东兰、南丹等县广泛流行的民俗体育活动“打扁担”（壮语译音“谷榔”、“打榔”或“打虏列”），便是来源于我国古代壮族人民的舂米劳动。“榔”是一种木槽，是专门用于舂打稻米的器皿。这种器皿是一种长 2～3 米、宽 1 米左右的打谷槽，在古代用来脱粒和载人，是壮族先民最早使用的混木舟。在收获的季节，人们会将稻米放在木槽中，然后用一种称为舂杵的木棒进行反复捶打，从而制成当地人们喜爱的糯米。现在的打扁担用农家的扁担代替了舂杵，以木板代替木槽，将过去壮族人民的舂米真实再现出来。发展至今天，每年的农历正月初一至正月十五，在壮家村寨可以听到"噔噔打，噔噔打，噔噔打嘟打嘟打……"的悦耳声音。通过上下对击、转身、跳跃、行进等不同动作，表现出耙田插秧、收割打场、舂米尝新等劳动情景，表达出壮族人民喜庆丰收、祈求风调雨顺与五谷丰登的喜悦心情。

（二）源于军事战争

战争对于民族的存亡具有非常重要的影响，常年处于战争中会使人民无法生存，甚至还会导致民族灭亡。由于战争的技术和战术多是来自各民族人民的日常生活，所以人们便将对于战争起到关键、积极作用的运动方式迁移到他们的日常生活中，以便掌握技术和战术。也正因如此，我国古代体育所使用的技能与战争中的战术十分相似，很多民俗体育项目也是从军事战争中孕育而生的。例如，我国湘西少数民族地区的人民在反压迫战争中，曾经借助地域特征，使用山上的木头、石块、棍棒、木刀和木枪等简陋武器击败了用钢枪、铁刀、火炮等武器的侵略者。之后，他们模仿这些战争中使用的战术、武器和战斗情形，逐渐形成了抢山头、举石、抛石头、抱石磨、抵杠子、摔抱腰、烟斗杆子、苗族神鞭、宫天梳、苗拳、五形拳和鸡形拳等民俗体育项目。

（三）源于宗教祭祀

在古代，人们面对或阳光明媚或狂风暴雨的大自然时，会显得非常弱小，因此他们不得不选择服从和依赖大自然。古代先民认为，这些都是一种超越自然力的神灵在主宰和控制，于是他们试图通过宗教仪式与神灵进行沟通，并表达自己对神灵的崇拜，来乞求风调雨顺，不受灾害的困扰。随着社会的不断发展，一些宗教仪式逐渐形成为具有地方特色的民俗体育项目。例如，我国古老的祈雨祭祀仪式便逐渐形成为民俗体育项目——舞龙。龙在历史文籍中早有记载。古人认为，龙是海洋的主宰，威力无穷。而海洋主水，龙自然而然地成为农作物的司雨神，被奉为吉物。正所谓"民以食为天"，粮食是人类得以生存和发展的根本，人们通过舞龙来祈求龙王普降甘霖，祈愿风调雨顺、五谷丰登、国泰民安。在两汉时期，祈雨祭祀仪式的主要内容包括"作土龙"和"舞龙"。随着社会的不断发展，人们对大自然的了解也越来越深入，祈雨仪式已经逐渐远离人们的视野，舞龙也由祭祀仪式变为民俗体育项目。

（四）源于生活习惯

民俗体育是随着社会历史经济和自然条件变化而不断发展，由广大人民群众创造、丰富而逐步衍变而成的，因此与人们的生活习惯密切关联。有很多民俗体育活动来自群众的日常生活，比如说苗族广泛流行的“打泥脚”便是来源于人们的生活习惯。在农耕时期，人们在劳累休闲之时，会用黄泥团相互击打对方腿脚，同时跳跃躲避对方打来的泥团，来进行放松。后来，这种习惯逐渐形成为一种民俗体育活动。此外，湘西少数民族地区的踩高脚马也是根据生活习惯形成的一种民俗体育运动。湘西少数民族居住的山区气候湿润，会经常下雨，且雨后的路泥多且滑，行走时泥浆容易沾鞋、湿脚，人们总是踩在树枝或石头上行走。因此，人们便踩在木制高脚或竹筒高脚上行走，避免脚被打湿，还可以防滑。后来，这种习惯慢慢发展为一种民俗体育项目，受到了群众的广泛喜爱。

（五）源于娱乐活动

人们除了进行紧张的生产劳动，还会通过某些休闲娱乐方式进行消遣，从而创造出了许多民俗体育活动。群众将体育、音乐、舞蹈、美术和其他辅助用具完美结合，充分满足人们的生存、生活和娱乐等基本要求，传达出人们的欢乐和激情。例如，布依族的“丢花包”便是布依族青年喜爱的民俗体育项目。丢花包的历史十分悠久，最早的活动形式并无文字记录。清朝康熙年间的《贵州通志》中记载：“仲家（明清两代对布依族的俗称）……于孟春跳月，用彩布编小球如瓜，谓之花球，视所欢者掷之。”这说明在康熙年间，布依族青年中已经开始流行丢花包活动。布依族丢花包有固定的时间和地点，一般在农历春节期间、六月六和七月半等节日进行。丢花包一般选择在村寨附近平坦宽阔的地方，在丢花包开始之前，青年男女互相对歌，暗中寻找花包伴。在片刻后，男女便各站一排，相距20～30米，互相朝异性投掷，初投掷时可以随意选择目标，然后逐渐改为向爱慕的人投掷。如果对方也愿向自己投掷，意为有情意，便可互相邀约、定期约会，来增进友谊、加深感情。花包通过左右穿梭，为青年男女传情达意。

（六）源于文化交往

在古代，由于生产力不发达，生活环境比较艰苦，劳动人民在农闲时会聚在一起，举办娱乐活动来欢庆丰收。后来，随着社会的不断发展，一些重要的日子发展成为节日，这些欢庆丰收的活动成为促进不同层次人群交流、增进群众感情、增强民族凝聚力的重要机会，同时也能够促进地区间的经济、文化的交流与发展。例如，杭州塘栖镇西苑村的村民世代以半农半渔为生，他们从小便习惯划船。在1945年抗日战争胜利后，村中的年轻人为了庆祝杭州胜利，组建了快船队，于每年的清明时节，在超山接坝桥至烧香湾的河港里，举办划快船比赛。这是杭州群众在庙会祭祀活动中自发组织的民间竞技比赛。在清明节前后的几天中，各路香客来到超山进香，大小不一的船只停靠在接坝桥河港的湾塘里，一些划船爱好者会自行加入划快船比赛的行列。后来，划快船比赛逐渐成为当地的一种民俗体育，成为各地群众文化交流的平台。

二、民俗体育特征

民俗体育是一种特殊的文化形式，有着与其他文化形式不同的特征，而这些特征也是民俗体育区别于其他文化的重要标志。接下来，我们将对民俗体育的本质特征进行分析。

（一）民俗体育的传承性和扩布性特征

民俗体育的传承性指的是民俗体育的文化形式在时间上的传播具有连续性，而这本身就是民俗体育文化的一种重要传递方式。民俗体育的传承有助于还原远古时代刀耕火种的场景，同时也可以展现21世纪信息时代的现代化场景。通常来说，民俗体育的传承被固定在历经时间关系的线性范式关系中，一代一代地进行传承。在这个传承的过程中，民俗体育主要体现为一种“被”传承的性质，具有显著的客体性质。但是，民俗体育作为一种鲜活的文化形式，并没有局限于传承的客体角色，而是也具有大量的主体性。民俗体育在经历了相当长的一段低潮后，在最近十几年中又重新焕发出勃勃生机，进入了又一次大发展时期。之所以可以重新繁荣发展，除了有社会和人类对于民俗体育的客体需求外，另一个重要原因在于民俗体育的主体发展。由于民俗体育具有特殊的文化性，其所承载的浓厚历史文化积淀可以发挥非常关键的作用。也正是因为民俗体育具有长期的民族文化积淀，所以它可以帮助民俗体育完成从客体被动传承到主体主动传承的转变。

民俗体育扩布性指的是民俗体育文化在空间平面上的伸展，以及在空间伸展上的蔓延性，这是民俗体育的横向传播过程。在民俗体育的横向扩布中，对外来文化的吸收、借鉴与整合是非常重要的。通常情况下，一个民族的民俗体育进行扩布有两种手段，分别是在和平环境中自然进行和在特殊情况下非正常扩布。例如，对中国传统文化影响深远的齐鲁文化，便是在和平环境中自然进行的扩布。齐鲁文化不是一种单一的文化，而是齐文化与鲁文化的融合。在春秋时期，鲁国产生了以孔子为代表的儒家思想学说，齐国则吸收了当地的土著文化——东夷文化，并进行发展。姜太公在到达封地后，实行开明的文化政策，促使东夷文化向齐文化发生转变。而周公之子伯禽到鲁地后，推行重农抑商的周文化。这两种不同的文化使齐国和鲁国的人文经济向不同的方向发展——齐文化尚功利、讲求革新，鲁文化重伦理、尊重传统。这两种具有显著差异的文化在发展中逐渐有机地融合在一起，形成了具有丰富历史内涵的齐鲁文化。这两种文化在民俗体育中，具有比较明显的差异。通常来说，地处鲁国的鲁西南地区的民俗体育传统项目较多，例如五福、打瓦等项目基本上可以还原民俗体育最古老的情景；而鲁东地区由于深受齐文化影响，所以民俗体育项目具有强烈的创新精神，在该地区有很多民俗体育新兴项目。也正是齐、鲁文化的交融，使得山东地区民俗体育呈现出了保守且开放的情景。而非正常扩布则主要是受到战争等特殊情况的影响。例如，清朝初期满族文化与汉族文化的融合便是受到战争的影响，在经历长时间的碰撞与整合后，形成了高度融合的新文化，涌现出“掼跤”、“耍幡”和“拉大锯”等具有独特文化特点的民俗体育项目。

民俗体育的传承性指的是历史的纵向连续，而扩布性则指的是在空间上的横向传播。只有将纵向与横向结合起来，民俗体育的传承才能在更广大的时间和空间范围内融合发展，形成多元化的民俗体育文化，并体现出其自身的文化价值。

（二）民俗体育的稳定性与变异性特征

民俗体育的稳定性指的是民俗体育一旦产生，便会伴随人们的生产生活方式而相对固定下来，成为人们日常生活的一部分。民俗体育之所以可以在长期的传承中一直保持旺盛的活力，有一个非常重要的原因便是其具有稳定性的特征，这种特征主要体现在民俗体育的集体性和模式性中。民俗体育的集体性是民俗体育文化在产生和流传过程中所体现出的基本特征。它不仅将民俗体育文化的整体意识展现出来，同时也决定了民俗体育文化的价值取向，是民俗文化的生命力所在。民俗体育的集体性与中国传统文化类型紧密相连。中国传统文化是一种典型的农耕型文化，这种文化的一个重要标志是强调“家庭、家族”的伦理观念。正因如此，民俗体育会形成一种超稳定的文化结构体系，从而成为民俗体育的稳定基石。此外，中国传统儒家文化一直“崇尚古制，推崇古道”，有着“祖制不可违”的训条，所以在客观上为民俗体育的集体性特征奠定了基础。此外，我国传统社会中儿童接受教育的形式也在客观上推动了集体性特征的延续。我国传统的教育模式是进入私塾读书，而私塾主要以家族为基本单位设立。一般都是一个宗族的儿童聚集在一起接受相同的教育。所以，儿童在一起玩耍和娱乐的方式也基本上是一致的，如此一代一代地进行延续，最终使民俗体育具备集体性的特征。所谓民俗体育的模式性指的是民俗体育运动项目具有能够被人们认知、接受且稳定的结构、形式与内容，并且能够在实际的运动过程中反复进行呈现和实践。民俗体育所具备的模式性是其在传承过程中的另一个重要特征。在我国，绝大部分有影响力的民俗体育运动项目都与民俗密切相关，有一些运动项目还成为民俗活动中不可缺少的重要环节。因此，民俗体育模式通常表现为一套完整的体系，将人们对民俗和民族文化的内容、要素与结构的认知及把握充分融合在一起。我国汉族的多个重大节日便是民俗体育的重要模板。例如，春节期间在过了农历正月初五之后才可以进行民俗体育运动已经成为春节期间民俗体育的时间标尺；在端午节时，会举办大规模的龙舟比赛；重阳节会举行登高的民俗体育活动；等等。

虽然说民俗体育具有稳定性，但是这种稳定并不是绝对的，而是相对意义上的稳定，在稳定中包含着可变因素。因此，民俗体育还具备变异性特征。变异指的是民俗体育在传承和扩布过程中的自发变化和渐进变化。这种变化主要伴随民族文化的变迁而逐渐融入民俗体育文化。变异性特征同样也是民俗体育文化的显著特征之一。可以说明民俗体育变异性特征的典型例子便是我国的"走西口"文化。我国明朝中期至民国初年的四百多年间，山西和陕西等地的大量群众经长城西段出关，到达长城以北的内蒙古地区从事生产活动，这就是我国近代史上最著名的五次人口迁徙事件之一——"走西口"。伴随着"走西口"这一人口迁徙过程，产生了相应的"走西口"文化。这种文化既融合了晋陕地区和内蒙古当地文化的特点，同时也与这两种文化有着很大的差别，是一种既包含晋陕文化也包含蒙古族文化的变异。伴随着这种变异的、新的民族文化的出现，相应的变异民俗体育文化也逐步形成。例如，早年间汉族节日中盛行的抖空竹、踢毽子、荡秋千与蒙古族人民擅长的骑马、摔跤、射箭等民俗体育活动开始进行充分融合，创造出广受群众欢迎的新的民俗体育运动。"二人台"便是比较有代表性的民俗体育运动之一。"二人台"原是关内汉族人民到达内蒙古后为了生存而从事的一种表演性民俗体育活动，后来蒙古族艺人进行改造，在唱曲中增加了大量蒙古族音乐符号，并在表现形式中突出草原情结，从而形成一种充满豪放、高亢草原格调的地方戏。

民俗体育文化的稳定性与变异性是非常重要的民俗体育特征。通常情况下，社会越稳定，民俗体育文化的稳定性便越高。民俗体育的变异性从本质上来说是民俗体育文化机能的适应，这种适应不仅包括对自身文化体系的调整，同时也包括对外来文化的融合，而这也正是民俗体育生命力之所在。可以说，民俗体育的变异性是民俗体育文化得以保存和发展的内在动力。

（三）民俗体育的阶层性与对象性特征

民俗体育具有阶层性和对象性特征，这两种特征在很大程度上决定了民俗体育的发展。由于社会具有不同的阶级，所以也会有相应的、细致的社会分层。民俗体育作为社会文化生活的一个重要组成部分，是为了满足社会不同层次的体育需求而出现的，所以也具备阶层性。通常情况下，大部分民俗体育都被归于中下阶层的重要文化娱乐方式。这里的中下阶层有着明确的区分。市民阶层属于中级阶层，这一阶层的人群普遍有一定的消费能力，有时间，不从事劳作，且具有一定的文化水平。所以市民阶层人群更热衷于参加斗鸡、斗蟋蟀、棋牌类项目和各种杂耍类项目。这些民俗体育项目的特征是普遍带有一定的赌博性质，且多是惊险、刺激的冒险类游戏，基本上是单人项目，极少有群体项目。在我国的封建社会中，农民阶层被认为是社会的“下层”。由于民俗体育是受到农民阶层广泛喜爱的运动，因此民俗体育在很长一段时间内成为“下里巴人”的代名词。农民阶层喜欢的民俗体育运动项目普遍具有自然朴实、乡土气息浓郁的特点，且对场地没有过多要求，运动形式和动作比较直接、简单。像农民在田间劳作休息时进行的摔跤和掷远等游戏，都可以帮助农民缓解田间劳作的疲劳，有助于其放松紧张的心情。此外，农民在生产劳作时会相互依赖，且农村具有较强的宗族观念，所以农民阶层会更加热衷于跑旱船、扭秧歌等集体项目。

民俗体育除了具有阶层性特征，还具有很强的对象性特征，这主要是因为民俗体育对于不同性别和年龄阶段的人具有非常强的针对性。由于不同性别和不同年龄阶段的人群对于民俗体育的爱好均有明显差别，像男子的冒险精神较强，力量很大，所以男性运动项目多为摔跤、举重、跳马、飞镖等，可以充分体现他们的勇猛和冒险精神；女性的特点为恬静、淡雅，所以运动项目多为跳皮筋和翻绳等，可以突出女性的柔巧；儿童的特点为活泼、爱动，多人结伴一起玩耍，所以运动项目多为打瓦、抽陀螺、跳房子、捉迷藏等跑、跳、投、追逐类的项目。

（四）民俗体育的规范性与服务性特征

民俗体育规范的形成受到人们经验和观念的影响，是一个将经验和观念变为规范的过程。虽然民俗体育的规范性不像民俗中的规范性那样强，但还是以民俗规范为基础产生了一些相应的规范要求。例如，基诺大鼓舞是云南基诺族极具代表性的民俗体育项目，受到了基诺族人民的广泛喜爱。一般跳大鼓舞以过“特懋克”节时比较隆重。在“特懋克”节时，基诺族人会聚集在寨子中央的空地上，然后点燃熊熊篝火，在老人们做完一系列严格的仪式后，由一人双手执鼓槌边击边舞，另有若干击鼓、击镲和伴舞伴歌者共同跳大鼓舞。跳大鼓舞时的唱词称“乌攸壳”，歌词多为基诺人的历史、道德和习惯等内容，舞蹈动作包括约卡玛厄扯咽、特莫阿咪、乌攸壳、嘿列马厄扯咽、尼咪和扎可罗等。大鼓是基诺族的礼器、重器和神物，只能挂在卓巴（寨老）家的神柱上，制造大鼓时也要遵循一系列非常严格的程序。当外人要瞻仰大鼓时，必须走在当地人后面，以免大鼓认生，从而招致祸害。在祭祀结束后，由七位德高望重的寨老轮流敲过大鼓后，其他人才可以触摸大鼓。这类民俗体育运动中的规范其他民族也有很多，为民俗体育蒙上了一层神秘的面纱。

民俗体育来源于社会生产劳动，同时也可以服务于社会，成为社会生活的一个重要组成部分。民俗体育之所以被创造出来，其主要任务便是服务社会。由民俗体育所产生的一系列社会规范，被广泛应用于社会的各个层面，成为一种社会规范。例如，民俗体育所提倡的尊老爱幼等规范现在已经成为社会规范的典范。除了服务社会，民俗体育还同时服务于生产与生活实践，很多民俗体育项目都是从生产劳动中产生的。例如，最初的狩猎活动是人们生产中的重要环节，后来在很多节日和重大活动中表演的射箭、投射、骑马和模拟禽兽表演等项目均是来源于这项古老的生产活动，将古代先民的狩猎生产进行再现。此外，民俗体育还可以协调群众心理，在满足群众健身需要的同时，使人们最大限度地抒发内心情怀。在我国传统的“春祈秋报”活动中，人们怀着虔诚的心，在春耕时祈祷风调雨顺、秋季报答神功，表达渴望幸福生活的心情；我国广受喜爱的秧歌舞、采茶舞和杵舞等，也都表达出人们丰收时的喜悦。

民俗体育是民俗文化的一个有机组成部分，具有鲜明的特征。它的特征在不同层面会有一定的区别，且民俗体育的特征并不是完全不变的，它会随着时代的发展而呈现出更多的特征。因此，如果想要对民俗体育的发展方向和演进规律进行准确把握，则必须对民俗体育的多种特征进行仔细研究。

第二节　民俗体育的本质与价值

民俗是经过长时间积累形成的，并不是一次性出现的。同样，民俗体育也是人们在长时间的生产和生活过程中不断摸索、探究，逐渐演化而成的。民俗体育的产生与发展受到人们生产、生活方式及对于体育活动诉求的影响。虽然不同民族的民俗体育项目形式和内容等有所区别，但是它们均具有相似的本质与价值。

一、民俗体育的本质

（一）传统性本质

在民俗学研究领域，虽然对于“传统”的特质界定等问题仍然存在一些不一样的观点，但是对于传统的三个基本含义还是达成了共识，即传统是在不停传递过程中保留下来的一些风俗、制度与精神；传统被作为文化的原料，而存入民俗存储库中；传统在社会群体中具有一定的代表性。这种基于文化和社会认知的价值判断，可以基本涵盖民俗体育的传统性本质。从民俗体育的传播方式和存在状态来看，民俗体育的传统性本质具有地域性、持续性和历时性特点。从信息学的角度来看，民俗体育在传承过程中还会出现信息的增加和丢失，这是非常容易发生的。因此，民俗体育的传统性本质还具有扩散性特点。

1．地域性特点

《晏子春秋·问上》中记载，“百里而异习，千里而殊俗”。由此可见，人们从很早以前便认识到民俗文化具有地域性特征。民俗体育项目也同样受到环境的影响，具有明显的地域性特点。我国疆土辽阔，民俗体育的地域性特征表现得非常明显。例如，我国北方最有代表性的民俗体育项目是冰上项目，南方则是水上项目，西部地区以马上项目为主，体现出民俗体育项目的分类具有明显的地域性。此外还需注意的是，同一个项目在不同地域也具有不同的色彩。以我国流传范围非常广的龙舟文化为例，不同地区由于地域条件等有差异，其龙舟项目也有各自的特点。

作为龙舟发源地之一的晋地区（今陕西地区）处于黄河流域，属于典型的华夏文化，所以龙舟项目的开展主要源自龙图腾，具有非常明显的祭龙色彩。在古代，皇室成员和达官贵人会经常参加这种具有强烈祭祀色彩的活动，所以龙舟竞赛和表演的规格很高，船只不仅宏伟，做工精良，而且规模很大。位于苏、浙、皖、沪的吴越地区，由于水道密集，人们主要以舟代步，所以该地区的龙舟运动开展起来十分方便，且普及度也很高。这也决定了吴越地区的龙舟竞赛规模不是特别壮观，船只的大小一般，但是活动举行的频率非常高，龙舟竞赛主要是作为群众间的一种庆祝方式。在浙江湖州地区的“三月三”龙舟竞渡，是当地养蚕的人们为了庆祝丰收、表达喜悦之情的一种娱乐活动。而位于长江中下游地区的荆楚地区由于水灾频发，在水灾过后会经常暴发大规模瘟疫，当地人们认为进行龙舟竞渡可以避免瘟疫、消除灾难，所以该地区的龙舟竞赛除了纪念屈原外还有祈求平安之意。

2. 持续性特点

民俗体育的持续性特点需要长时间的历史来检验。通过民俗体育项目，可以还原出千百年前人们的生产、生活方式，让我们感受先人的生活状态。民俗体育的持续性特点是一种特殊的属性，它不会完全随着历史、社会制度的变迁而不断变化，而是按照自身的性质进行发展与演变。例如，角力和举鼎这两项历史悠久的民俗体育项目在今天依然广为流传。

角力也可称为角抵，是古代体育活动及百戏中的一种，与现在的摔跤类似。古代传说，蚩尤氏曾与黄帝斗，以角抵人。可见角力起源于上古时期的徒手角斗。角力在殷周时期是军事训练项目之一，在战国时更加盛行，逐渐成为表演性竞赛项目。在秦始皇统一六国后，角力被作为一项观赏项目，在民间和宫廷中普遍开展起来。在汉代，角力常用来接待外宾，称角抵戏或捽胡（胡指的是颈部，捽胡为勾扭颈项以摔倒对方）。到了唐代，帝王赐宴设酺时会观赏角力，演出多置于诸戏之后，同时会擂鼓助势。五代十国时期至宋代角力被称为相扑，宋元时期又称争交。宋代调露子所著的《角力记》是我国最早的摔跤专著，详述了角力的沿革及唐宋时期的盛况。明末清初，角力传入日本，后演变为柔道。清代的角力也被称为布库、捕虎、扑户，宫廷设有“善扑营”。1955年，在陕西客庄西汉墓出土的铜牌上有角抵透雕图饰，上有两人比赛。二人上身赤裸，下身穿扎腿肥裤，一人紧抱对方腰部，另一人兜裆抱住对方腰腿，形象非常生动、逼真。1975年，在湖北江陵凤凰山秦墓出土的木篦的背面，就有角抵的彩色漆画。画面上有三男，上身裸，下着短裤，腰间系带，足穿翘头鞋。右边两人正在比赛，左边一人平伸双手做裁判，有一帷幕飘带。此外，以下古籍中也都记载了角力。①《礼记·月令》：“〔孟冬之月〕天子乃命将帅讲武，习射御，角力。”②《汉书·武帝纪》：“〔元封〕三年春，作角抵戏，三百里内皆观。”③《大唐西域记·劫比罗伐窣堵国》：“城南门有窣堵波，是太子与诸释角力掷象之处。”④《东周列国志》：“自主公即位，因无知向在宫中，与主公角力，无知足勾主公仆地，主公不悦。”⑤《郎潜纪闻》卷六：“习武合欢，有所谓塞宴四事者……一曰布库，相扑为戏也。徒手搏击，分曹角力，伺隙蹈瑕，不专恃匹夫之勇。”现在的摔跤运动就是从角力发展演变而来的。

举鼎也被称为扛鼎，是古代的举重运动之一，是练力和较力的一种方式。鼎有三足两耳，多以青铜和铁制成，是古代的炊器。在先秦时期，便已将“力能扛鼎”列为勇士的必要条件之一。君主多以此类勇士作为护卫。在汉代，举鼎作为百戏之一，被用于表演。此外，汉代还有“武力鼎士”称号，政府中设有“鼎官”。唐代开始设立武举，举重在此之后被正式列入武考科目，并一直延续到清代。在宫廷之中，还经常开展举鼎较力活动。《史记·秦本纪》中记载：“武王有力，好戏……王与孟说举鼎，绝膑。”此外，《项羽本纪》中“籍长八尺余，力能扛鼎，才气过人”和汉代张衡的《西京赋》中“乌获扛鼎，都卢寻橦”也都分别记载了举鼎运动。现在，举鼎这个项目在山东菏泽地区依然具有一定的影响力，且基本上保留了 2000 多年前的规则。

3. 历时性特点

众所周知，民俗文化具有很重的时代色彩，民俗体育也同样具有明显的时代烙印。因此，民俗体育的产生、发展与传承均具有典型的历时性特点。例如，20 世纪 40 年代在鲁西南地区广泛流行的“打老蒋”游戏，就具有鲜明的时代特征，人们只要看到游戏名称就能够明白其产生的时代背景。这个游戏是一个益智棋牌类游戏，是在战争中发明的。游戏非常简单、方便，可以随地取材。棋子共有 21 枚，其中 5 枚代表中国，16 枚代表敌人。代表敌人的棋子中，只有“白胡子老头”和“老大”可以吃人，其余棋子只能围追堵截。“老大”的走法和象棋中的“士”的走法一样，为斜着走；“白胡子老头”的走法与象棋中的“炮”一样，是隔人轰炸；而代表中国的 5 枚棋子可以吃人，走法是一格一格走。当对方棋子被吃完时为获胜。

4. 扩散性特点

民俗体育在传承过程中主要是以口传身教为主，在传递过程中极易受到传递者个人因素的影响。由于这种传承方式不像教科书那样具有严谨性，所以在传递过程中会造成信息的丢失与增加。之所以造成信息丢失，主要原因在于传递者记忆不准确或个人的喜好不同等，以至于在传递时将某些信息遗漏，造成传递的信息不全。造成信息增加的原因主要有两个：第一是传递者自己进行演绎加工，第二则是传递者与接受者进行双向沟通。传递者与接受者在进行沟通的同时，会按照双方的意愿对体育项目进行解读，使得民俗体育呈现出各不相同的特点。此外，民俗体育在传承过程中，除了信息总量不断增加外，信息流的空间也在不断蔓延，成为民俗体育扩散的一个重要途径。

（二）生活性本质

民俗体育来源于群众的生产生活，因此十分贴近生活，具有生活性的本质。例如，我国的民俗体育项目蹴鞠便与我国传统节日“寒食节”具有非常密切的关系。寒食节也被称为禁烟节、冷节和百五节。之所以得名为“寒食节”，原因是在这一日需要禁烟火，只吃冷食。经过长期的发展，寒食节逐渐增加了祭扫、踏青、秋千、蹴鞠、牵钩（拔河）、咏诗和斗鸡等活动。其中，寒食蹴球是一项较为重要的活动。寒食蹴球盛行于唐宋时期。宋《文献通考》中记载：“蹴球，盖始于唐。植两修竹，高数丈，络网于上，为门以度球，球工分左右朋，以角胜负。”此外，《宋太祖蹴鞠图》也描绘了宋太祖赵匡胤、太宗赵匡义和近臣赵普等一起玩蹴鞠的情景。到了元明清时期，寒食蹴球开始逐渐没落。古代寒食蹴球之所以盛行，是因为寒食节不能吃热食，而将蹴鞠作为一项热身取暖运动；到了元明清时期，开始逐渐重视清明节而忽视寒食节，使得寒食蹴球失去了生存和发展的空间，以至于逐渐衰落。此外，踏青、斗鸡和荡秋千也都是寒食节的重要活动。寒食踏青兴盛于唐宋时期，宋朝庄绰《鸡肋篇》卷中记载：“寒食日上冢，亦不设香火。纸钱挂于茔树。其去乡里者，皆登山望祭，裂帛于空中，谓之掰钱。而京师四方因缘拜扫，遂设酒馔，携家眷游。”南北朝时期的《荆楚岁时记》中也对斗鸡进行了记载：“（寒食）斗鸡，镂鸡子，斗鸡子。”此外，《艺文类聚》中还记载了寒食节时有打秋千的项目，“北方山戎于寒食日打秋千”。这些民俗体育项目中有很多在今天依然非常流行。

与寒食节相关的民俗体育项目类似的还包括元宵节的舞龙、舞狮和重阳节的登高等。这些项目有一个共同特点，即都与重大节日和庆典紧密相连，从而能够传承下来并发展壮大，成为重要的民俗体育运动项目。民俗体育的生活性是民俗体育非常重要的特性之一，如果民俗体育失去了生活性，那么便不能够得到传承和发展了。

（三）文化性本质

一般在研究文化学时，会从物质文化、制度文化、精神文化和符号文化这四个方面进行。因此，民俗体育的文化性本质也分别具有物质性、制度性、精神性和符号性的特点。

1. 物质性特点

民俗体育要想顺利开展，需要一定的物质基础作为保障。因此，民俗体育一般伴随区域经济的发展状况而开展。在经济基础较好的时期和地区开展的民俗体育运动项目一般都比较规范，需要必要的场地和设施才能够进行。例如，在唐朝广泛流行的马球运动、宋朝盛行的蹴鞠和部分富裕地区比较普及的舞龙灯、舞狮等活动。在经济条件不够发达的时期和地区，民俗体育的开展通常都是根据具体情况就地取材，使得场地和设施相对简陋。可以说，绝大部分民俗体育都属于后者的范畴，这是由民俗体育的特点和文化归属所决定的。虽然在物质方面存在较大差异，但是，民俗体育的功能发挥和其带给人们的精神愉悦却丝毫没有受到影响。由此也可以看出，虽然物质性对于民俗体育的开展非常重要，但是其影响程度不算太大。

2. 制度性特点

民俗体育的制度虽然不像其他体育形式那样刚性十足，但还是具备自身的制度体系。民俗体育项目本身便具备自身的规则体系，像各种棋类游戏、跳房子等运动项目对场地、器材和参与者的要求非常严格。但是与现代竞技体育运动不同的是，这些民俗体育项目的规则可以与参与者充分协商后进行修改，且修改过后的运动项目不会发生质的变化，不会使运动项目失去价值，反而会使参与者更好地理解和把握规则，并增加参与者的热情。除此以外，民俗体育运动项目还和社会文化密切联系在一起，成为社会文化的重要表现形式。像汉族农历正月十五闹花灯、舞龙、舞狮，端午节赛龙舟，重阳节登山等项目，也成为节日的重要组成部分。

3. 精神性特点

与其他运动形式不同的是，民俗体育的精神性表现并不单一，而是较为复杂的。在我国沿海地区，普遍存在“祭海”活动。其中，闽南地区祭祀妈祖、胶东地区祭祀海神。这种明显带有部分宗教或神灵色彩的祭祀活动，一般会伴随一定规模的民俗体育活动，如祭祀的舞蹈和出游等仪式。此外，许多民俗体育还和封建思想与习俗有一定的联系，有一些民俗体育项目（特别是部分少数民族）来源于巫术，巫术中的具有夸张性质的舞蹈等表演被保存下来并不断传承至今，成为民俗体育项目。

4. 符号性特点

由于民俗体育具有非常强的民族性和地域性，很多民俗体育运动项目逐渐演化为本民族和本地区的一种符号，继而演变成民俗和地区的代名词。比如说朝鲜族的荡秋千、满族的萨满舞、汉族的舞龙与舞狮、佤族和苗族的竹竿舞，以及蒙古族的摔跤和赛马等都已经成为各个民族的代名词。其中，影响最大的应属汉族的舞龙和舞狮。每逢汉族春节，全世界的华人都会在其聚居地举行盛大的舞龙、舞狮表演，来庆祝春节。这已经成为一道世界范围内的亮丽风景线，舞龙和舞狮早已成为中国人的特殊象征符号。

（四）健身性本质

由于民俗体育是体育领域的一个重要分支，所以它也具备健身性本质。众所周知，民俗体育涉及的内容非常广泛，基本上涵盖了现代体育，特别是健身体育的各个领域，因此具备了促进少年儿童骨骼和肌肉发育、提高呼吸系统功能和心血管系统功能、提高生活质量、保持和调节心理健康等现代健身体育的多种功能。民俗体育的规则灵活，有利于参与者自由发挥，同时也易于参与者抒发个人情感，从而发挥出保持和调节心理健康的功能。此外，有很多民俗体育项目还具有很强的针对性，可以帮助某个阶段的特殊人群提高多项身体运动能力。例如，在我国山东地区广泛流行的“骑马打架”便是一项适合10～15岁男性儿童的项目。项目的规则基本符合这一年龄段儿童的心理发展状况，经常参加该项目可以锻炼他们的反应能力、柔韧性、爆发力、耐力和负重能力等多种能力。由于此年龄段儿童的身体生理指标还不满足较高水平竞技体育的需求，且他们不愿意长时间接受比较枯燥的身体素质练习，所以骑马打架这项民俗体育项目比现代竞技体育的很多项目更加适合他们。

二、民俗体育的价值

我国民俗文化的一个重要组成部分便是民俗体育文化，它是由我国古代劳动人民根据生产生活需要，而创造和发展出的内容丰富、形式多样的民俗体育活动。民俗体育反映和承载了一个民族的共同心理素质，是该民族传承的一种特殊的传统体育文化。中华民族体育和少数民族体育都是民俗体育的一种具体表现形式，同时也是中华民族不可再生的非物质文化遗产，是各族人民世代相承且与群众生活息息相关的传统文化表现形式和文化空间。民俗体育不仅是历史发展的见证，同时也是珍贵且具有重要价值的文化资源。民俗体育具有外显价值和内在价值，下面将分别进行论述。

（一）民俗体育的外显价值

1．有助于构建和谐社会

民俗体育是在特殊的民俗土壤中扎根发展的，它源于各民族的生产生活实践、节日节令、宗教信仰和婚丧礼仪等，是一个国家和民族的基本标志。民俗体育不仅具有悠久的历史，同时也是人类宝贵的文化遗产和精神财富，是中华民族传统文化的重要组成部分。荡秋千、抖空竹、斗拐、拔河和推铁环等每一种民俗体育项目，均具有其深刻的文化内涵和寓意，是古代劳动人民的智慧结晶。

民俗体育由于受到年龄、运动水平和规则的限制相对较小，所以参与者可以根据自身需要有针对性地选择项目，或是灵活运用相关规则，来积极参与各个项目。民俗体育活动非常重视培养人们积极参与、勇于探索、乐于创新的积极心态，关注审美性、共娱性和参与性，而不注重竞技和胜负。不管是输还是赢，都可以看作是对人生的磨砺。民俗体育主张人们热爱生活，促进人格完善，不仅体现了以和为贵的和谐原则，还充分表现出先人后己、先社会后个人的集体主义和重视人伦的责任意识。此外，民俗体育还强调与自然环境协调、与日常生活均衡。因此，保护与传承民俗体育有利于形成公平、公正、良好竞争和积极向上的社会氛围。

此外，民俗体育还可以增强群众间的凝聚力。例如，舞龙、舞狮、踩高跷、秧歌舞和龙舟竞渡等民俗体育活动，主要是以村落或城镇为单位参加。参与者不仅要具有一定的竞争心理，还需要具有强烈的集体荣誉感。以龙舟竞渡为例，参与者之间的配合及协作状态是影响集体项目竞赛成败的关键。参与者为了获得比赛胜利，会凝聚在一起共同配合，观众也会不自觉地融入竞赛之中，为队员们加油、欢呼。群体成员之间的相互影响可以更好地促进团结，进一步强化社会集体意识。另外，节日习俗的趣味性和竞赛活动的协作配合，还可以使群体的内聚性进一步提高。很多地区在节日或大型庆典时，都会举行舞龙、舞狮、踩高跷等民俗娱乐活动。这些活动的规模较大，参与人员众多，在娱乐性和仪式性方面都给群众生活提供了精神寄托，成为人们寻求心理平衡、参与社会生活的一种表达方式，同时也是维系广大群众共同文化心理的一种黏合剂。这种周期性的民俗体育活动，使得群众在情感上实现社群和族群的认同，不仅提高了个体的自信心、自尊心、凝聚力和亲和力，还将不同个体凝聚成一个统一的整体。因此，积极保护民俗体育，传承民俗体育文化，可以大大丰富我国传统文化的内容，并且可以帮助促进和谐社会传统文化的繁荣发展。

2. 有助于传承民俗体育形式

民俗体育文化与民族精神充分结合起来最能展现出一个民族的文化，不仅象征着该民族的优秀传统，而且也是民族精神原始内核的重要组成部分。民俗体育是很多民族文化征象的综合再现，其形成与民族文化的广阔前景密不可分。民族文化为民俗体育的生存和发展提供适宜的空间和土壤，民俗体育对民族文化的内容进行进一步丰富。从民俗体育发展的轨迹可以看出，民俗体育起源于生产劳动实践，将不同地域和不同民族的文化特征进行再现。它不仅是民俗文化的传承和衍生，同时还经历了时代的变迁和各种新文化的洗礼，在民族文化的共同体中逐渐分离和展现出来，并以完整且相对独立的文化体系存在，成为民族文化的一种具体表现形态。需要注意的是，这种分离并不是从民族文化中绝对脱离出来的，而是以动态的肢体动作符号为前提，以一种相对独特的方式进行分离，成为一个体系独立且能够侧面折射出民族文化母体内涵的文化形式。

同样，作为一种文化模式的民俗体育活动也在民族文化心理中不断积累、沉淀，成为具有极强生命力、稳定且坚韧的结构形态，世代传承。民俗体育活动与一般的体育项目不同，除了涉及肢体活动，还涉及与地方民俗风情和乡土文化相关的文化符号。像舞龙和舞狮时的装束、套路的路线和器械的选用等方面，均与地方群众的生活实践密切相关。这也对群众在劳动生产及生活中所获得的实践经验和自然哲理进行暗示，且在不同程度上展现出当地民俗文化的内涵。因此，从社会文化的角度来看，民俗体育作为我国传统文化的一种具体表现形式，需要进行有效保护和传承，这样才能保护我国传统文化内容的完整与完善，促进我国传统文化内涵的丰富和发展。

3. 有助于传承民俗体育精神

我国民俗体育文化的历史悠久，博大精深，包含了自强不息的进取精神，厚德载物的包容精神，以及重礼仪、崇道德的人本精神，具有非常丰厚的人文价值，既可以陶冶我们的情操，也可以维系民族的情感。象征着我国各民族优秀传统的民俗体育文化深深植根于每一个中国人的心间，成为增强文化认同的宝贵资源。我国民俗体育凝聚着整个民族的智慧、精神、信仰和价值取向，是民族能够继续生存和发展的精神支柱。经过千百年的传承与发展，前辈们通过口述和亲自示范等方式，将物质文化和精神文化进行传承。民俗体育的传承除了将强身健体的方式方法传递给后人，也将整个民族的传统文化历史发展轨迹充分还原，可以称得上是维系民族发展的源泉。因此，保护和传承民俗体育非物质文化遗产，对于继承和发扬我国优秀的民族文化传统，增强民族自信心和凝聚力，以及促进社会主义精神文明建设都具有重要且深远的意义。

4. 有助于促进民族融合

我国是一个多民族国家，各民族之间团结、平等、互助是实现共同繁荣发展的基础；各民族之间保持生态、资源和文化的多样性，是维护国家统一和构建和谐社会不可缺少的重要因素。通过举办传统体育运动会，可以使各民族进行体育和文化的交流，为各民族共同建设精神家园提供一个平台。此外，摔跤、舞龙、舞狮和龙舟竞渡等民俗体育项目在表演或比赛中通过集体中的成员相互配合与协作，在展现本民族文化的同时，还可以引起民族内部的亲切感，唤起民族内部的认同，从而有助于增强民族的凝聚力，促进民族内部的团结。具有独特文化特色的民俗体育是我国宝贵的文化遗产和精神财富，大力发展民俗体育对于加深民族互动交流、增强各民族内部认同具有非常重要的意义。

除了可以促进民族内部团结与认同，增强区域内的群众凝聚力，民俗体育还可以促进不同民族和地区的沟通交流，增强各民族间的凝聚力。这是因为体育文化可以超越社会意识形态、文化传统、语言和宗教信仰等障碍，是各族人民沟通的最简单方式。通过民俗体育活动，可以在不同民族之间架起一座桥梁，使得各个民族之间一同发展，并使不同地区和民族的群众在文化层面上产生认同感。我国 56 个民族的居住状况是“大杂居小聚居”，有一些少数民族居住地比较偏僻，交通不便，通过民俗体育活动可以使各民族和地区的人民聚集在一起，增进彼此之间的了解、沟通和交流，使得各民族之间的凝聚力增强，促进民族团结。通过摔跤、龙舟竞渡等民俗体育竞技，各族人民在比赛中相互交流，从而促进民族间的认同。民俗体育文化具有非常强的向心力和民族凝聚力，是维系民族情感的纽带，有助于促进民族间的融合。

5. 具有教育价值

一个民族要想得到生存和发展，进行人口繁衍是非常重要的一个部分。而民族个体成员需要将自己的生产、生活技能和社会生存能力等传授给下一代，才能维持民族集体生存。早期人类生活技能和劳动经验都是通过前辈的口授身教，这也是早期人类教育的最基本组成部分。我国的民俗体育作为一种具有深刻的历史内涵和丰富的活动内容的文化类型，在儿童启蒙、劳动教育、道德修养和审美情趣培养等方面均有不可替代的作用。

众多的体育活动是锻炼身心的有效手段，儿童通过参加各项体育活动来获取知识、获得体验；成年人通过参与活动和观看表演来获取知识与技能，并对心理功能进行锻炼。这对于其日后的日常社会生活和体育锻炼，都具有积极且深远的意义。我国有很多民俗体育项目都为儿童教育提供了良好条件。例如，幼儿的老鹰捉小鸡等活动趣味性高，有助于愉悦身心；跳房子等活动有助于培养下肢动作的准确性和力量耐力素质；斗拐等活动则可以训练对抗能力和腿部肌群力量；滚铁环等活动有助于培养耐心和技巧。此外，适合成年人的舞龙、舞狮等团体项目，有助于培养参与者的上肢力量和团队协作意识；棋牌类活动可以强化人的思维方式，提高分析能力和逻辑思维能力。参加民俗体育活动，有助于提高体力、智力，培养群众参与社会生活必备的多种道德和审美素质，在满足大众娱乐需求的同时，体现出民俗体育的教育价值。

（二）民俗体育文化的内在价值

1. 促进体育形式多元化

对于一个国家来说，需要认真分析本国民族文化和外来民族文化的内涵，分析体育文化的多元互渗状况，同时还需要系统、全面、深刻地理解和认识本民族的体育文化。此外，还要注意系统思考并筹划如何一步一步地完善、圆满地实现本民族体育文化多元化的目标。因为只有这样，才能在文化全球化背景中，向各国人民展示我们的民族体育文化和民族个性，并获得更大的发展空间。

体育文化指的是一定社会中的人们通过长期体育实践所创造的物质财富与精神财富的总和。保护和传承体育文化并不意味着统一标准进行保护或是进行单一化的文化传承，而是应该注重各文化的融合，使文化更加多元化。需要注意的是，这里的多元化并不是要使民俗体育文化变得模糊不清，或是导致民俗体育文化消失，而是指将体育文化变得更为丰富，风格变得更加多样化，使之可以与现代群众的需要更加贴近，兼具健身、健心和休闲功能。与竞技体育和学校体育一样，民俗体育同样包括许多运动形式和相关的知识与技能，在保护、传承和发展民俗体育的同时，可以促进体育形式的多元化发展。

人的各种运动技能的形成，在很大程度上与人体的协调性、灵敏性、柔韧性等身体素质的发展水平密切相关。参加不同种类的民俗体育活动，可以使人们学习、掌握多种基本技术、技巧，从而有助于提高身体素质，并有效刺激人体神经系统产生各种形式的联络，最终形成复杂的运动技能。因此，参加民俗体育活动可以满足群众锻炼身体和提高运动技能的需求。

民俗体育项目包括角力、跑跳、技巧类和棋牌等多种类型，基本上涵盖了人体运动机能的各个方面，且多数项目不受年龄、性别和地域等因素的限制，运动强度可以根据具体需要进行相应变化，因此可以满足不同群体锻炼身心的需要，并促进我国体育形式的多元化发展。民俗体育可以充实大众健身内容，在很大程度上拓展练习的范围，为广大群众提供更加多样化的选择，使群众不仅可以掌握技术，还可以形成相应的运动技能。通过长期锻炼，有助于运动技能的形成，使人们形成运动习惯，及科学、合理、健康的生活方式。

2. 促进群众身心健康

体育运动指的是使身体和心理都能得到充分锻炼的健身娱乐活动。在不同时期，人们对健康的定义也有所不同。在传统观念中，健康通常指身体的无病、无残、无伤，而随着社会竞争愈发激烈，社会压力逐渐增大，人们对健康的认识已经从没有疾病、身体发育良好转变成身体健康、心理健康、社会适应性良好。1948 年，世界卫生组织（World Health Organization，WHO）在其《宪章》中明确指出，“健康是指身体上、心理上和社会上的完美状态，不是仅指没有疾病以及虚弱的状态”。1979 年，世界卫生组织又在《阿拉木图宣言》中重申，“健康应是身体、心灵以及社会三个方面的整体幸福状态，而非仅指免于病痛疾患”。1989 年，世界卫生组织将健康重新定义为“身体健康、心理健康、良好的社会适应性与道德健康”，意思是一个健康的人需要在身体上、心理上、社会适应性与道德这四个方面都保持良好的状态。随着经济社会的快速发展，交通和通信工具越来越便捷，人们的生活方式也发生了很大变化，这些变化从根本上削弱了人类固有的运动技能，减少了体力劳动，从而在一定程度上导致疾病产生。而民俗体育活动则具有较好的健身功能和娱乐功能，可以满足不同层次和不同需求的体育价值取向，帮助减缓现代生活给人们带来的压力。例如，抖空竹、放风筝等民俗体育项目，可以根据个人的需求调整练习强度，这样可以满足不同群体的锻炼需求，帮助缓解由现代生活导致的精神疲劳；而舞龙、舞狮、秧歌舞等民俗团体表演项目，具有场面宏大、锣鼓齐鸣、节奏强劲、动作优美等特点，参加此类活动有助于培养群众的兴趣爱好，促进形成不屈不挠、勇往直前的奋斗精神，在培养人们团结协作精神、增强集体主义观念的同时，还可以推动精神文明建设和物质文明建设。

3. 具有娱乐价值

与学校体育和竞技体育相比，民俗体育更加注重娱乐性和随意性。娱乐使人们生理上获得快感及心理上获得满足感，它是人类在基本生活、生产实践之外获取快乐的一种非功利性活动。最初的娱乐是为了发泄自我内心的情感，是为了娱乐自己，而不是娱乐他人。在人类早期社会活动中，民俗体育项目的娱乐形式已经逐渐形成。作为祭祀形式、健身手段和社交方式的体育活动，其竞技性不是很强；而作为娱乐形式的体育活动，由于很少涉及直接或较大的经济利益，所以并没有严谨的规则和严格的要求。随着社会的不断进步，在传统节日祭祀中常见的各项体育活动中所具备的娱神内涵已经发展成为潜在、深层的民族心理，现在已经基本上是以群众娱乐为中心。民俗体育项目由之前注重强身健体、武力保家、原始祈福，逐渐转变为注重“自娱”和“娱人”，成为现代人们节日、度假、休闲时必不可少的一种生活方式。

通过参加民俗体育活动，人们可以协调全身，从而将心灵与情感的内在驱动力和精神的蕴含力完整地表现出来，有助于对身体和精神进行锻炼。除了参加民俗体育活动，也可以在一旁进行观赏，这同样也是一种健康休闲、调节身心的娱乐方式。通过观赏他人，有助于减少人们在工作和劳动中产生的脑力疲劳、神经紧张和情绪紊乱等。特别是舞龙、舞狮等大型民俗体育表演项目，其铿锵有力的节奏、难度较高的艺术表演和各具特色的艺术造型会带给人一种震撼的感觉，帮助满足人们的精神需要。因此，民俗体育活动是一种有效调节身心的娱乐形式，具有一定的娱乐价值。

4. 促进中国体育文化发展

民俗体育在特定历史条件下的演进状况和特点有所不同，因此民俗体育文化的存在方式具有多样性特征。民俗体育文化形态在时间和空间维度中，都是以一定的民族方式具体存在，具有具体性的特征。表现形式的多样性和存在方式的具体性是民俗体育文化形态的两个基本特征。无论是哪个时代的体育文化，都需要反映出一定的发展水平，表现出一定的时代特征。因此，各个时代的民俗体育文化总是以一定的民族文化形态具体地存在于不同的民族地区之中，呈现出各具特色的发展道路和存在方式。在当前这个全球化时代，各种文化相互作用，作为体育文化重要组成部分的民俗体育也一定会促进体育文化的发展。

体育文化发展的两种趋势分别是全球化和民族化，二者之间具有一定的关联性。民俗体育文化为我国体育文化的全球化发展奠定了基础，并为其提供了丰富的文化土壤和资源。体育文化的全球化发展为民族、民俗体育文化的发展提供了适宜的发展空间。可以说，我国体育文化的未来发展趋势是全球化和民族化的统一、时代性和民族性的统一。在经济文化和体育全球化趋势的背景下，积极保护、传承和发展民族、民俗体育，使之在保持自身民族特性的同时，整合现代体育的共性，从而丰富体育文化的形式和内涵，这样可以充分促进中国体育文化的发展。

在世界范围内，由于不同国家和地区的发展程度存在差异，同一个地区和不同的地区会存在不同发展水平的体育文化和不同民族特征的体育文化共生的态势。体育文化的全球化趋势是以多元民族体育文化发展统一为基础而逐渐形成的，民族体育文化为体育文化的全球化提供了源源不断的文化资源，体育文化全球化又同时为民族体育文化进行充分展示提供了适宜的空间。一个民族的体育文化由于具有民族性，所以区别于其他民族体育文化；而不同群体和不同民族的体育文化由于都具有时代性，所以具有共同的时代特征，也正因如此，才可以使其与其他民族和群体的体育文化联系起来，进行融合统一。因此，体育文化的全球化和民族化应同时发展，特别是要着重民族体育文化的发展，这样可以使体育文化的内涵更加丰富。

5. *促进开展全民健身活动*

民俗体育活动是一种古老的民族民间体育形式，距今已有数千年的历史，其中一些项目甚至可以追溯到上古时代。民俗体育是我国民族传统文化中的宝贵文化遗产之一，具有丰富多彩、便于选用的特点。民俗体育项目多种多样，动作形式灵活，种类丰富。在各区域和各民族的社会环境中，广泛流传着各种丰富多彩的体育活动。其中，有的体育活动适合在平坦开阔的地方进行，有的适合于田间地头进行，此外还有一些适合在湖泊上开展。这些项目中有一大部分不受场地器材的限制，随时随地都可以开展。纵观这些种类丰富的传统体育活动，每个项目都具有浓郁的民族与地方特色，有一些强调趣味性，有一些则突出动作速度特点，还有一部分强调技巧。但是无论是哪种项目，都具有强身健体、调节情感的功能。绝大部分民俗体育项目都具有动作灵活、便于选用的特点，是人们从事体育健身活动的基础，具有很强的群众基础，便于普及，并且丰富了全民健身活动的内容。

我国有一些地区的经济发展比较落后，导致体育经费紧缺，体育活动场馆和器材设施比较不足，不能满足广大群众进行体育锻炼的需要。因此，在开展全民健身活动时，要从实际出发，因地制宜地开展群众性体育锻炼活动。由于绝大部分民俗体育项目不受场地、器材的限制，可以随时随地进行，且部分项目的练习强度可以根据个体实际情况进行相应调整，所以民俗体育可以满足在经济欠发达的地区开展体育活动的需要。针对民俗体育可以就地取材、可操作性强等特点，可以根据不同地区的生产、生活工具和自然资源，开展贴近群众生活的民俗体育项目，进一步推进全民健身活动的开展。

由于民俗体育的内容和形式富有强烈的生活情趣，且具有群众喜闻乐见、乐于参与等特点，所以民俗体育具有广泛的社会基础和全民性，可以涵盖多个年龄段。有很多民俗体育项目不受年龄、性别和体质等条件的限制，群众可以根据自己的身体状况和爱好进行选择。此外，还有一些娱乐性、竞技性强的项目也跨越地区，在其他地区内流行起来。这些种类繁多、风格各异的民俗体育项目具有独特的文化特征和价值，成为群众体育活动中必不可少的重要组成部分，对于扩大群众体育锻炼队伍、有效增加体育人口和促进全民健身计划开展具有非常重要的作用。

第三节　民俗体育的功能与传播

在很长一段时间内，民俗体育都被认为是“草根文化”的重要表现形式，其所具备的功能并没有得到过多关注。但是，随着时代的不断变迁和社会的不断发展，多元文化开始相互融合，民俗体育以其独特性开始受到越来越多的关注，其所具有的功能也逐渐被人们所研究。由于民俗体育不是一个固定不变的实体，而是一个充满变化和发展的过程，是一个活动的流动体，所以其必然具备可以传播的特征。本节将论述民俗体育的功能和传播的路径与类型。

一、民俗体育的功能

（一）民俗体育的效仿功能

民俗体育的效仿功能是与许多民俗结合在一起的。《礼记·曲礼》中记载：“入境而问禁，入国而问俗，入门而问讳。”在日常生活中常用到的经验和技能等，均是利用民俗体育这一重要载体传授给下一代的。例如，景颇族的民俗体育项目“布滚戈”便是通过丧葬仪式中再现逝者生前从事生产过程的场景，将砍山、烧山、播种、踩土、收割、舂米、纺线、平房基、立房柱、架房屋、放横条、安竹墙、盖房草等生产技能传授给后人。在没有书籍和其他文字记录的时代，这些成为下一代向上一代效仿的重要途径。由此可以看出，民俗体育的效仿功能是传承民族文化的一条重要途径。

（二）民俗体育的规范约束功能

民俗体育的规范约束功能指的是民俗体育对参与群体中每个成员的行为方式具有约束作用。例如，在节日进行民俗体育活动时，人们会喜欢穿吉祥色的服装，但是吉祥色并不是完全一样的，每个民族都有不同的吉祥色——汉族是红色和黄色，回族则是绿色和白色等。此外，还有许多民俗禁忌也融入民俗体育中，成为规范和约束后人的范例（在此暂且不论其是否正确）。在山西的求雨活动中，不允许妇女参加，并且忌讳说“干”；扮演道童的人忌饮酒、赤足等。在封建社会中，这些礼仪规范大多都是通过民俗体育进行传承的。在多地都广泛流行的棋类项目，都规定年少者与年老者下棋，要恭请年老者先落子，充分展现出我国尊敬长者的传统美德。

（三）民俗体育的教育功能

教育指的是一种有目的、有组织、有计划、系统地传授知识和技术规范的社会活动，在儿童的个性形成中起着主导作用。民俗体育的教育功能在儿童成长过程中具有重要的作用。通过民俗体育这种特殊的方式，前辈可以将经验传授给后人。这中间教育方式虽然不是最规范的教育模式，但是最为直接和有效。因此，在民俗体育的开展过程中，教育功能得到了充分的重视和挖掘。

1. 训练语言表达能力

在有少年儿童参加的民俗体育项目中，会配合儿歌一起进行，这样不仅可以增添乐趣，还可以训练儿童的语言表达能力。以最为普及的跳绳项目为例，在运动过程中，会有很多儿歌一同配合。下面列举跳绳时一起配合的歌谣。

跳绳歌

小朋友，起得早，空气清新时光好。
学跳绳，炼身体，先动手来后动脚。
单人玩，双臂绕，听到“啪”声快起跳。
上身直，眼望前，手脚并用讲技巧。
多人跳，两人绕，配合默契水平高。
左边进，右边出，自由来往秩序好。
跳花样，要灵巧，一展身手真奇妙。
小猴子，快快快，一个筋斗翻进来。
小蜻蜓，要小心，动作轻巧飞绳外。

除《跳绳歌》外，与其类似的儿歌和童谣在民俗体育运动项目中也有很多，并且有一大部分歌谣巧妙地运用了汉语中独有的声韵特点，对儿童语言表达能力的训练起到进一步强化的作用。

2. 训练逻辑思维能力

我国有很多民俗体育项目非常重视开发、培养逻辑思维能力。这些项目可以很好地对儿童进行早期智力开发，并帮助他们养成良好的用脑习惯，使得他们分析问题和解决问题的能力有所提高。例如，五子棋、憋死牛、五福和六周等棋类游戏都具有规则简单、道具不多、随时随地可以进行的特点，所以受到广泛喜爱。

3. 掌握生活基本知识

我国大多数民俗体育运动项目来自生活、生产劳动，所以这些项目贴近人们的日常生活，更加容易被接受。此外，由于贴近生活，所以可以使下一代迅速了解和掌握前辈总结的经验教训。例如，我国东北地区在进行冰上项目时，长辈会先教孩子如何选择滑冰的位置和怎样进行自救，而不是关于滑冰的技术动作。他们会告诉儿童要注意观察冰层的厚度和承载能力，最好是踩别人踩过的地方。同时，要注意先勘察冰面的断面是横茬还是竖茬：如果是横茬，则说明冰面厚实，可以承受足够的重量；如果是竖茬，则万万不可轻易尝试，不能为了冒险、逞能或好奇去踩那些即将解冻或还没有冻实的冰面，更不要在阳光照射时间较长、冰面即将融化的地方滑冰，否则会出现踏破冰层、掉入冰水的状况。如果在滑冰时不慎掉入冰窟中，切忌慌乱挣扎，而是应该先将身体尽量横着打平，然后先将一只脚搭在冰面上，用一只手按住冰面，另一只手猛推冰缘，身体借势向上翻滚，从而脱险。需要注意的是，千万不能用手把住冰缘断裂处，因为那样很容易使全身的重量都集中在手臂上，使得冰缘无法承受巨大的重量，导致重新落入水中。这些知识和技能是当地人民长期处在冰雪环境中总结、摸索出来的生活经验，通过民俗体育的教育功能来传递给下一代。

（四）民俗体育的维系社会稳定功能

民俗具有非常强烈的维系社会稳定功能，民俗体育也同样如此，通过民俗体育的某些特定形式，来统一群体的行为和思想，在使社会生活保持稳定的同时，也使群体内所有成员保持向心力和凝聚力。例如，山西祁县具有极具影响力的“求雨”习俗，有这种习俗的原因是该县地处华北地区西部、黄土高原东部，水资源非常匮乏，而每年的“求雨”便成为不可缺少的重要活动。这一民俗的规模宏大、仪式复杂、内容繁多，当地很多民俗体育项目都是据此演变而来的。

求雨的仪式非常隆重，一般在求雨的前一天要进行练习。该活动规定凡是家有男丁的住户，每户都要有一名男丁（老弱病残者除外）参加。这些男丁分别进行相应的编队，其中，20岁以上的青壮年组成祈祷队，他们有统一的动作和口号；15岁以上的男子组成担水队，他们会被化装成仙童，肩挑水桶，边走边舞(后来逐渐演化为水桶舞)；15岁以下的儿童组成磕头队，由一名成年男子在前持竹竿引导，伴随着音乐节奏起舞，每隔十几米需要叩头（后逐渐演化成当地的民俗舞蹈)。此外，还需要有庞大的乐队。众多舞蹈者要相互配合，恭请“雨神”。由于祭祀仪式非常重要，因此还需要在当地选派若干名50岁以上德高望重的善人进行主持，当地的地主和富裕人家则要出资。后来，求雨这一习俗相继演化出很多民俗体育项目，成为重大节日和场合的必备表演形式。这些民俗体育项目涉及的层面非常广，基本上每家每户都要参加，包括各个年龄段的人群。各个阶层和各种宗教信仰的人群都通过各自的方式贡献自己的力量，很好地促进了当地社会的稳定和社会各个阶层的融合，使得部分阶层矛盾得到缓解，当地社会群众的向心力和凝聚力有所增强，成为维系当地群体民族文化心理的重要途径。

(五) 民俗体育的娱乐功能

民俗体育之所以能够生存和发展，离不开其娱乐功能，娱乐功能是民俗体育的灵魂。人们之所以热衷于参加民俗体育活动，主要是因为可以获得身体和精神上的愉悦。民俗体育的娱乐功能大致可以分为两个部分，分别是调节功能和竞技功能。

1. 民俗体育具有调节功能

民俗体育的调节功能指的是通过民俗体育中娱乐、宣泄和补偿等方式，使人们的心理得到调剂。具有调节功能的项目主要是成年人参加，因为他们在日常生活中受到的生产、生活压力较多，这些项目可以帮助他们进行宣泄和释放。民俗体育项目的涉及面广泛且花费不多，非常容易开展。具体的项目包括使人们身心得到放松的户外运动和比较舒缓、可以满足不同人群需求的棋牌类、垂钓类项目。这些运动项目有助于舒缓压力，振奋精神，帮助参与人充分挖掘自身潜能，释放压抑情绪。此外，群体性民俗体育项目可以让人们相互沟通，帮助调节人际关系、增进感情。我国少数民族地区的部分民俗体育项目为青年男女提供了表示爱恋的场所和时机，帮助他们进行交流，找到适合自己的伴侣。例如，壮族的“抛绣球”，哈萨克族的“姑娘追”，富宁瑶族的“抛花包”和布依族、傣族的“丢花包”，以及苗族的“荡秋千”和“赶秋”等，均为广大男女青年提供了一个沟通感情的平台。

2. 民俗体育具有竞技功能

竞技性是运动的根本，民俗体育中的竞技性质有助于激发人们的自信心、克服困难的决心和永不言败的精神。需要注意的是，民俗体育中有一些看似缺乏竞技精神的运动其实也充满着竞技性。例如，登山、垂钓等运动虽然是自娱自乐，好像没有竞争，但是这类项目更多的是和自己战斗，通过不断挑战自我来实现对自己的超越。

（六）民俗体育的促进身心健康功能

众所周知，民俗体育具有促进身心健康的功能。民俗体育运动的种类繁多，可以训练人体运动的各种能力。例如，角力、拔河可以增强力量，跳绳、跳房子可以增强弹跳力，老鹰抓小鸡、抓石子可以增强人体柔韧性和灵敏度。除了增强具体的能力，上述项目还有助于增强体质。需要注意的是，绝大多数民俗体育运动项目对于人体健康的促进基本上是全方位的，很难明确将其进行区分。例如，受到广泛喜爱的跳绳便可以对心肺功能、上下肢肌肉力量和腰腹力量进行训练，同时还可以促进人体的柔韧性、灵敏性及协调性（特别是手脚协调）的发展。此外，民俗体育还具有促进心理健康的功能。例如，参加荡秋千、跳马等项目有助于培养人们勇敢、坚强、不断挑战自然、超越自我的意志品质和不畏险阻、克服困难的精神；捉迷藏、攻城、跳大绳等群体性民俗体育项目有助于培养人们的群体意识和协作精神；五子棋、象棋等棋牌类等有游戏规则的项目则可以培养人们诚实守信、遵守规则的生活态度。

（七）民俗体育的促进民族认同功能

随着民俗体育的传播和发展，民俗体育的民族认同功能开始逐渐受到人们的重视。通常情况下，民族认同可以大致分为族群认同和他民族认同两种形式。

民俗体育的族群认同指的是在一个相对稳定的群体内，一部分民俗体育运动成为所有成员的思想言行、宗教文化以及社会关系、社会秩序的标志和记忆的符号。这些特殊的符号成为维持族群内部向心力和凝聚力的纽带，通常会发展成为一种文化情结，成为区别于其他民族的显著标志。例如，我们中华民族的舞龙、舞狮和赛龙舟等项目便具有这样明显的符号。现在，无论我们身在世界的哪个角落，只要听到锣鼓声响起，看到舞起来的色彩缤纷的长龙和狮子舞，人们的第一反应基本上是置身在华人聚集区，舞龙和舞狮也成为凝聚华人的一股巨大力量。这种文化符号已经成为中华民族的烙印，在全世界范围内得到了高度认同。此外，对于华人来说，另外一个重要的民族符号就是妈祖认同。据统计，全世界大约有两亿人信奉妈祖，其中99%是华人。因此，伴随祭祀妈祖而产生的一系列民俗体育运动项目，开始逐渐成为中华儿女的另一重要族群符号。

通常情况下，单纯的民俗认同会很容易产生民族隔阂，使得民族之间的疏离或对立进一步加深。但是，民俗体育项目可以很好地弥合这种由文化认同所带来的缺憾，通过民俗体育项目更好地促进他民族对于本民族的认同。例如，民俗体育项目“骑马打架”是由满族的民俗体育项目“布库”演化而来的。在清朝政府刚开始统治中原时，骑马打架受到了多数汉人的抵制，但是随着时间的推移和文化的不断融合，汉族人开始逐渐接受满族的文化，并主动参与其中。与此同时，满族人也开始接受汉族文化，开始参与舞龙、舞狮、划龙舟等一系列民俗体育活动。这些民俗体育项目的流传在很大程度上促进了民族之间的交流和融合，使得不同民族之间相互认同，最终逐渐形成了独特的华夏文化。

（八）民俗体育的促进经济发展功能

自 20 世纪 80 年代我国实行改革开放以来，国民经济不断向前发展，民俗体育也得到了快速的恢复和发展。各个民族和地区开始以民俗节日为平台、民俗体育为表演项目，为各地区经济发展带来了新的生机。例如，白族的“三月街”、纳西族的“三月会”、傣族的“泼水节”和彝族的“火把节”等，这些民族节日中的民俗体育活动独具特色，展示了不同的地域文化，吸引了世界各地的游客，促进了当地的经济发展。

二、民俗体育的传播

（一）民俗体育传播的方式

民俗体育自产生起就不是固定不变的，它的产生、发展至成熟的演化过程呈现曲线的态势。伴随着群众生活和文化意识的不断更新与叠加，民俗体育也在不断变迁。民俗体育的传播有多种方式，通过不同的传播路径进行传播会导致不同的民俗结果。民俗体育的传播方式主要包括口头传播、行为传播、心意传播和文字、音像传播，下面将分别进行论述。

1. 口头传播

口头传播指的是通过人们的口头语言和思维记忆进行传播。在原始社会中，语言是人类表达思想感情的重要形式，也是我们的祖先最早用来总结经验、传教给后人的基本方式。虽然我国古代已有文字出现，但是由于需要专门训练才能掌握文字，所以更多的还是以口头方式进行沟通和交流。由于口头语言通俗易懂，朗朗上口，方便快捷，所以人们将口头语言作为生产、生活过程中的表达工具，同时也作为他们保存传统、传播民俗体育的重要手段之一。我国有很多民俗体育都有生动形象、便于记忆的口诀，人们通过口诀将民俗体育的技能传承下来。例如，在天津地区广为流传的双伞阵图秧歌就有一套祖辈相传的34字口诀：腿要曲，腰要直，肩要抖，行要颤；眼随手，情在眼，伞为号，阵位准；行会要踩点，见角就打脸。这个口诀的语言简短、生动，朗朗上口，不仅通俗易懂，简单明了，还非常方便记忆，使得秧歌可以完整地进行传承。

2. 行为传播

行为传播指的是通过行为模仿进行传播，这种传播方式包括纵向传播和横向传播两种。纵向传播指的是年轻一辈受到老一辈的熏陶，在当地民俗氛围的感染下，有意无意地接受他人行为教育。像扭秧歌这项民俗体育活动，小孩子从小看着大人跳，自然而然也就学会了。横向传播指的是一个地区模仿另一个地区的体育活动。像台湾的跳鼓阵便是来源于福建漳州的大鼓凉伞，随着移民到了台湾，受到了台湾各地群众的喜爱和模仿，并发展成为具有自己特色的民俗体育活动。民俗体育的行为传播主要是通过人的行为所组成的无形传导流的移动来形成一股特殊的民俗流，从而促进民俗体育的传播与传承。

3. 心意传播

心意传播指的是通过心理影响和精神规约进行传播。人们在认识自然、改造社会的过程中，创造了很多物质资料，同时也造就了相应的实践经验和精神活动，然后经过长期的积淀而成为集体意识和心理习惯，并世代传承下来。这种由心意传承的民俗是在民俗情境中接受心理认同，并辅以一定的行为实践，通过精神感染和心意共鸣来进行传播。比如妈祖信俗中的民俗体育就是在妈祖信俗活动中，用民俗体育事项来表达人们对妈祖的崇拜和对未来生活的祈福。在这一过程中，人们会接受、遵守、感染和模仿，从而希望能够获得心理上的满足，民俗体育也就通过心意传播而扩展到世界各地。

4. 文字、音像传播

随着科技的不断发展，文字、音像、互联网逐渐成为人类学习的主要途径，且有着其他传播途径无法取代的优势。与口语、行为、心意等即时性传播方式相比，文字和音像可以详细描绘出民俗体育的动作，分析民俗心理，还可以跨越时间和空间的限制，向世界各地进行广泛传播。例如，学者们通过深入研究各种民俗体育项目，然后将其发展演变过程详细记载，通过出版民俗体育项目的发展过程和动作方法等相关的教学书籍和音像资料，为广大群众学习相关知识和技能提供一个更为直观的途径，从而完成跨时空的传播。

（二）民俗体育传播的类型

民俗体育传播是一个生动且复杂的过程。在这个过程中，民俗体育由于具有非常强的活性特征，所以呈现出多种不同的表现形式，有的是与其他文化进行黏合，有的是丧失部分因子，还有一部分则是得到增益扩充。民俗体育的传播类型大致分为五种，分别是借取式、增益式、置换式、融合式和消亡式。

1. 借取式

借取式是民俗体育传播方式中应用最为广泛的方式之一，在当今这个现代化发展的社会中，应用得越来越普遍。需要注意的是，民俗体育的借取具有很强的选择性，民俗体育被接纳还是被排斥，主要取决于它在接受文化时的效用、功能与意义。例如，太平花鼓本来是满族人民在祭祀、庆寿、祈福、驱邪时所采用的表现形式，在流传到天津后，为天津人民所接受，通过与当地文化的融合，开始在天津“皇会”中展演，并最终成为天津妈祖信俗中的一个民俗体育表演项目。

2. 增益式

增益式指的是在传播过程中，不断充实和添加民俗体育原有的内容与动作，最后逐渐发展成为具有丰富内容的民俗体育项目。例如，天津飞镲原是渔民敲锣打鼓的“赶鱼”行为，后来不断发展成为一种舞镲表演。在这个项目的传承过程中，对动作、器具、人数、队形等进行了较大改革，在提高飞镲表现力和艺术效果的同时，还在动作上加大了幅度，充分吸收武术、舞蹈的特点，讲究动作统一和编排技巧，并且开始强调结构层次、静止亮相、陪衬对比和画面调度等艺术性。除此以外，还增加了“双人对打”和“四人对打”等段落，使得飞镲的表现力大大增强。

3. 置换式

民俗体育在传播过程中，会有着不同程度的变换，一部分是保留名称，动作内容向另一种民俗体育靠拢或完全被置换；还有一部分则是保留内容，改变名称。置换式的传播既可以使民俗体育原始的某些内容得以保存，也会由于时代和地域等的改变而使原有的民俗体育要素遗失。这种传播类型比较复杂，除了可以置换器材、动作，还可以仅保留民俗体育的时空环境而变换民俗体育的全部内容。例如，莆田车鼓的原名是“草锣鼓”，随着道路的拓宽和人们欣赏观念的转变，所用的鼓由现在用车推的鼓来代替原始背的鼓和两人抬的鼓，所以“草锣鼓”被更名为“车鼓”。将旧的民俗体育置换为与时代相适应的新的民俗体育，可以使其焕发出新的活力。

4. 融合式

融合式传播指的是多种民俗体育内容融合在一起，从而将之前独立的民俗体育文化演变成一种新的民俗体育项目。例如，台湾的麒麟狮象阵是由两只“麒麟”、一个类似舞龙阵中龙珠的“金珠”、带着头面的“笑佛”和一对打扮诙谐的公公婆婆组成，这个项目融合了舞龙、舞狮和台湾小戏，形成了一个新的民俗体育表演项目。

5. 消亡式

在民俗体育的发展过程中，一些民俗体育项目由于失去生命力而最终消失，这种消亡式的传播类型是民俗体育传播的另类景致。民俗体育之所以会出现变化，原因非常复杂，其中最为主要的是群众的需求。像天津皇会中的石锁、双石头、爬竿等多个民俗体育项目，都是因为社会转型、生活方式转变和人们价值观与需求发生转变而逐渐消亡的。

任何民俗体育项目的产生与发展、变迁与转型、差异与冲突、整合与创新都是在传播中扩布流行或销声匿迹的。民俗体育发展的历史实际上是一个文化传播的历史，当社会进入大众传播时代时，传统民俗体育也在面临着激荡且剧烈的变异。民俗体育的传播过程是一个有选择性的双向交互借取过程，而不是一个单一的给予与接受的单向过程。民俗体育的传播是文化选择的结果，伴随着群众世界观、价值观和审美观的不断变迁一同发展。

第二章　闽南文化与闽南体育文化

第一节　闽南文化的发展探析

闽南文化是以闽南方言为外在特征的世界各地闽南人，在传承中华文化的基础上发展形成的具有共同的思维意识、共同的风俗习惯和共同的生活方式的区域性文化。它属于族群文化，因此它跟随族群获得对外传播；它又属于地域文化，因此它具有典型的地方特色。[①] 闽南文化包括闽南方言文化、闽南民俗文化、闽南宗族文化、闽南文学艺术、闽南华侨文化和闽南海丝文化等方面，包含着深厚的历史底蕴和丰富的思想内容。

一、闽南文化的社会历史变迁

（一）闽南文化的孕育期

闽南文化的孕育与汉人对闽南的开发是同步的。人是文化的载体，也是文化存在、发展和传播的载体。在秦汉以前，闽地居住的是古百越族，那时闽越人口非常少。据史家估计，汉时闽越人或近五万人。秦始皇统一中国后，开始在福建设置行政机构，置闽中郡。秦末楚汉之争，刘邦取胜。因闽越族首领无诸支持刘邦，汉朝封无诸为闽越王。后来，闽越王余善起兵反汉，汉武帝出兵分四路平闽，有很多的闽越人被迁至江淮间，闽越国也从此结束。此时的福建地广人稀，

① 林华东．闽南文化：闽南族群的精神家园［M］．厦门：厦门大学出版社，2013．

十分荒凉。后来经过多次大规模移民潮，闽南地广人稀的情况被彻底改变，同时也带来中原文化。较早的大规模人口迁移发生在东汉至三国时期。据史书记载，孙吴曾五次出兵入闽，最多时兵力达 20 万。由此可以看出，福建在汉武帝平闽和闽越人北迁后，已经发展到一定规模。到了公元 283 年，福建已有建安郡和晋安郡。闽南作为一个独立的区域，开始孕育闽南文化。

在西晋“永嘉之乱”后，北方战争频繁，大批士族地主带着整个家族南迁，使得闽南人口急剧增长。随着中原士族的迁入，历史悠远的中原文化和 4 世纪的中原语音也被带入闽南，使得中原文化和口音与闽越文化得到进一步融合。公元 669 年，潮漳大乱，陈政奉命镇守在今漳浦一带，随同入闽的有河南光州固始 58 姓。此外，中原人还曾多次迁往闽南一带。几次大的移民潮，将中原文化带到了闽南，同时也将闽越的荒凉彻底改变，使得中原在闽的人数远远超过闽越当地人。闽南方言和闽南文化也是以入闽的中原文化为基础而孕育起来的。

（二）闽南文化的发展期

闽南文化主要在五代形成，虽然五代仅有几十年时间，但对闽南文化的形成有着非常重要的影响。这一时期，中原战争不断，而福建则远离战争，且在生产和对外贸易方面均得到发展。从唐末到宋初，统治闽南的有王审邽、王延彬、留从效和陈洪进，他们对闽南经济、文化的发展均做出很大贡献。

王审邽喜欢攻研儒学，颇有政治才干。任泉州刺史后，他便召回逃离在外的流民，借给百姓牛耕农具，帮助他们修建房舍，鼓励百姓生产，制定合理负担，使泉州呈现出繁荣昌盛的景象。同时，他还命长子王延彬在南安建招贤院，专门接待和安置中原流入人士。许多中原公卿大夫、文人士子为了逃避战乱，纷纷投奔福建，招贤院内人才济济，文事活跃，大大推动了闽南的文化发展。

公元 904 年，王延彬接父亲任泉州刺史。他继承父志，在着力发展生产的同时，还大力发展对外贸易。太平盛世和经济的富足，使得王延彬有更多的精力和财力来推动闽南文化进一步发展。他在泉州建造了云台、凤凰和凉峰三座别馆，作为会文聚友、歌舞娱乐的场所。此外，他还在泉州建庙修寺，虔心拜佛。可以说，泉州佛教的兴盛与王延彬有着很大关系。佛教的兴盛和寺庙的兴建，大大推动了闽南建筑艺术、雕塑以及民间歌舞、阵头和游艺等的发展。此外，他还蓄养了许多北方来的乐工。有人推测，源于宫廷雅乐的南曲，便是在此时由宫中乐工乐会传入闽南。在王延彬执掌泉州事务的十几年间，闽南地区的经济发展迅速，人民生活安乐，文化也有很大的发展。

公元 945 年，留从效被授为晋江王，总领泉、漳二府。他出身贫寒，深知百姓疾苦，力倡勤俭，得到了下属的敬重和百姓的爱戴。他在执政期间，大力发展农业生产，遣散士兵，让他们回家务农，同时还发展陶瓷生产和铜铁开采冶炼，并注重发展地方文教。

在留从效死后，陈洪进掌握了兵权，并用计谋和平地夺取闽南政权，当上节制泉、漳二府的清源军节度，之后投降宋朝；公元964年被任命为泉漳观察使。在几次新旧王朝交替之际，陈洪进均以其智慧手腕，使闽南免于兵戎之苦，为社会的安定与繁荣做出巨大贡献。陈洪进大致继承了先王治理泉、漳的方针，保一方稳定，发展农业生产，现在的陈埭便是当时陈洪进派家丁配合当地百姓筑起的一条长达3华里的海堤，围垦出方圆达几十里的良田。此外，他还强调发展外贸、文教，修建佛寺，为闽南的经济文化发展做出巨大贡献。

在五代的几十年间，闽南的文化体系已经形成，产生了许多独特的民俗，如闽南的饮食习惯、建筑风格和艺术形式等。

（三）闽南文化的鼎盛期

在宋朝，闽地相对稳定，社会得到发展，经济也迅速发展起来，茶叶、荔枝、甘蔗、棉花和占城稻等的种植面积得到扩大，造船、制瓷、丝织、五金和食品等也迅速进步。在这样的经济基础上，对外贸易获得了极大发展。有很多外国人来到泉州经商、传教，其中阿拉伯人最多。据载，当时阿拉伯人是举家迁到泉州。他们在泉州修了清净寺，至今犹存，被列为我国的十大名寺。泉州港在宋朝是四大港口之一，是南宋重要的财政来源，得到宋王朝的高度重视。在宋元时期，泉州港已超过广州，与亚历山大港并称为世界最大港口。闽南文化在这样的背景下迅速发展起来。除此以外，朱熹到闽南各处宦游、讲学，也对闽南文化发展产生巨大影响。可以说，闽南文化在宋代得到了充分发展，在南宋时达到鼎盛。

（四）闽南文化的奋争期

到了元代，虽然泉州港获得更进一步的发展，成为全国乃至全世界最大的港口之一，海上交通与经济均达到最高峰，但是闽南文化并没有和经济一同发展，反而开始退步。其原因主要是元朝统治者实行军事专制和严厉的民族歧视政策，闽南文化作为社会最底层“南人”的文化，被歧视和摧残。元代有很多到泉州为官、经商、居住的蒙古人、色目人和西方人，他们因在政治、经济上占有优势，所以在闽南大力推展他们的文化，因而导致闽南文化开始衰退。但是这个时期，同样也是闽南文化发生变化的重要时期。大量的外来文化为闽南文化注入新的元素，使其更具开放性。例如，郭、丁、浦、金四大姓的汉化，将其本身的文化融汇在闽南文化中，使闽南文化获得了新的营养。在明中叶后，不断有闽南人远涉南洋等地谋生，并获得相当的成就，这也使闽南人对外来文化的融合力和适应力大大增强。

元末十年，政府禁商，阿拉伯人停止东来，使得闽南的经济遭到很大冲击。泉州的海运、外贸、经济受到很大影响。特别是明王朝提出了海禁，规定泉州只能通琉球，不能与他国贸易，也不准私人设市，之后更是下令“片木不得下海”。由于闽南人大多靠海运外贸经商为生，这样使得生路断绝，经济也开始一蹶不振。再加上晋江流域山林土地开垦过度，导致晋江淤塞，之后泉州港一落千丈。闽南的外贸交通中心之后便转移到漳州的月港，在明末后转移到厦门，但都无法达到宋代泉州港的高度。

（五）闽南文化的播迁期

宋元以后，闽南文化的发展主要体现在中心转移和向海外扩展两个方面。闽南文化中心的转移，是从泉州转向漳州及厦门。明代以后，漳州九龙江流域因土地肥沃、物产丰富而渐渐富足起来，出现漳、泉并重的局面，此时闽南文化的重心开始逐渐西移。地处九龙江出海口的厦门岛，刚好在泉、漳中心点，所以迅速崛起，成为闽南最重要的对外窗口和商业中心。漳、泉两地的闽南人共同开发厦门，所以闽南方言在泉腔和漳腔的基础上，产生出了泉漳交融的厦门话。之后郑成功占据厦门抗清，使得厦门上升为闽南的政治中心。鸦片战争后，厦门被开辟为五口通商口岸之一，西方国家在此设领事馆、教堂、医院和学校，传播近代西方文化。在20世纪二三十年代，厦门的市政、交通建设快速发展，闽南华侨纷纷来此投资、建房，厦门的社会经济得到了迅猛发展。社会经济发达的背景和优越适中的地理条件，使得厦门自然而然地成为闽南文化区域的交汇点，成为文化交流的中心。除此以外，闽南文化也在向海外扩展。早在唐代，就有一些闽南商人、水手流寓海外，尤其是南洋诸国，但是数量很少；到了宋元经济发达时期逐渐形成一定规模。在明成化后，闽南人生路断绝，纷纷铤而走险，或是下海为盗，或是海上走私，还有的结伴前往吕宋（今菲律宾）等地开垦新天地。自此，闽南文化开始向外播迁和扩展，主要在菲律宾、马来半岛、印度尼西亚和中南半岛等地传播。闽南文化在向东南亚传播的同时，也充分吸收南洋诸岛的文化营养，通过不断交流、融合，推动文化的进一步发展。

二、闽南文化的基本内涵

闽南文化的发展历程可以说是一部中原汉族开发闽南的移民史。在漫长的历史进程中，闽南文化经历了内陆化、本土化和异域化的复杂历程，通过不断丰富自身内涵，最后形成了特色鲜明的双重性，这种双重性主要表现在如下四个方面。

（一）一统性和草根性并存

闽南文化的一统性表现在对儒家文化的传承上。闽南人一直强调自己是中原士族的后裔，非常注重儒家文化的传承和推广。他们积极举办书院，努力推行文化教育，对闽南文化的产生具有非常大的作用。此外，闽南文化的一统性还表现在语言方面。闽南话的历史非常悠久，不仅保存了中古汉语和上古汉语的许多特点，同时还保存了许多古汉语的词语。这些词语在普通话和汉语的其他方言中，基本上是很少使用或不用的，而在闽南话中则是基本词。因此，闽南方言被学术界称为“语言的活化石”。晋唐以来，北方方言发生了较大变化，为了保持与“通语”的一致性，闽南方言既保持历代相传的口语字音（即白读音），也跟着通语增添直译音（即文读音），逐渐演化出文白异读。据统计，闽南方言常用字中有 40％以上的文字拥有文读音，许多字还具有多个文读音。

闽南文化的草根性表现在反正统上。闽南人为了生存，完全改变了重农轻商的传统观念，而是积极从商，开辟海上作业的新途径。宋元以来，泉州成为海上丝绸之路的起点，长时间在对外贸易上影响着全世界。深受海商文化熏陶的明代泉州进步思想家李贽所提出的反传统思想，给闽南地区及全国都带来了新鲜、活泼的时代气息。另外，闽南文化的草根性还表现为浓厚的乡土情结。闽南人十分重视对区域的本土认同，喜欢标注自己的祖先出处，如“西河衍派”和“九牧流芳”等，而且他们还十分强调现实的传承和对祖上居住地的记忆。除此之外，这种草根性还表现为多元信仰。古代闽越人有信巫尚鬼的习俗，然而汉人入闽后，为了生存竞争甚至要冒险犯禁，所以更加希望能够得到神灵庇护。因此，除继承闽越习俗外，闽南人还会根据自己的意愿，去崇拜各种自然现象。

（二）兼容性与排他性俱在

闽南文化具有强烈的兼容性。早在宋元时期，泉州就已经向世界开放，东南亚、东北亚以及阿拉伯国家等异国人士纷纷来到泉州，“市井十洲人”和“涨海声中万国商”就是泉州当时的真实写照。闽南文化也吸收了南洋文化、阿拉伯文化和西方文化的某些因素，推进了闽南社会的进一步发展。闽南文化的这种兼容性在宗教信仰、民间信仰、建筑、戏剧和方言等方面均有所反映。例如，在宗教信仰方面，泉州有佛寺、道观、伊斯兰教清净寺、天主教堂、景教庵庙和印度教寺，可以说是世界宗教博物馆；在戏剧方面，歌仔戏、梨园戏、高甲戏等多个剧种并存，即便是同一剧种，也是各种流派和技艺竞相发展。此外，闽南方言中的外来成分也显示出文化的兼容性。例如，闽南话中将“肥皂”称为“雪文”，将“手杖”称为“洞葛”，便是源于马来语的 sabon 和 tongkat；将“西红柿”称为“甘仔得”，是源于菲律宾他加禄语的 kamati；将“巧克力”称为“烛龟蜡”，是源于英语的 chocolate。闽南人善于与世界各种文化融合，这也可以体现出闽南文化的兼容性。闽南人在外经商，足迹遍及全世界。但他们从不像西方殖民者那样占人土地、夺人财产、强迫他族改变语言和信仰，而是和平互惠，以一种兼容精神进行交流。

闽南文化的排他性并不是传统意义上的封闭性，而是具有鲜明的地域特色，主要表现在闽南人民坚忍不拔的民风上。闽南人崇尚自主，敢于抗争，反对约束，不守规矩，有时还可能缺乏理性，感情用事，争勇好斗，会为了某种经济利益产生冲突，发生争端。他们非常喜欢获得族群认同、宗亲认同和家乡认同，注重同族、同乡、同郡的凝聚。此外，他们会以大姓为王，依靠血缘和地缘形成集团势力，共同经商。闽南文化的这种排他性使得中原的民俗、语言和文化得到较多保留。

（三）尚义和功利共生

在闽南文化中，义与利共存。闽南人只要家庭获得收入，就想多做好事，帮助乡民，如铺桥修路、修建学堂、扶危济困和修宫建庙等。此外，闽南华侨向来都很重视教育，他们在国外亲身接触西方的先进科学文化后，深感发展教育事业的急迫需要。所以，广大华侨会关注祖国和家乡的教育事业，像陈嘉庚、李光前、刘玉水等，对闽南的教育事业均做出很大贡献。此外，闽南人富有爱拼敢赢的精神气质，他们精于从商，敢为人先，以自强不息、拼搏冒险闻名。在明清禁海时期，面对西班牙、荷兰等侵略者频频骚扰和入侵我国东南沿海，以海为生的闽南人没有因自己成为西方殖民者的强敌和朝廷禁海的通缉对象而退缩，而是顽强地用生命捍卫着祖国的海疆。

（四）漂泊与回归合一

闽南文化中的漂泊意识是受到经商交流需要和江河海洋方便而促成的。闽南人借助海洋优势对外交流，在经历几百年的转化后，开始从农耕形态转向商业形态。为了拓展生存之道，他们开始依靠海运来开展海上贸易。海洋的优势促成了闽南人的漂泊外迁，在舟楫能到达的地方，基本上会有闽南人的足迹。从 15 世纪开始到 19 世纪，闽南人曾主导中国海外贸易长达 400 年之久。现在，菲律宾、新加坡、马来西亚、印度尼西亚和越南等多个国家都有华人，其中使用闽南话者众多。他们在海外努力拼搏，积极融入当地生活，为世界各地经济的发展做出了巨大贡献。

闽南人为了生存，漂泊他乡，在有所收获后，不忘衣锦还乡，叶落归根。有很多华侨在海外发迹后，会回到家乡进行投资。据不完全统计，在鸦片战争后的百余年间，有百余万闽南人经由厦门移居到世界各地。特别是在东南亚一带，有非常多的海外闽南华侨，他们对近代福建乃至全国经济社会发展产生过多方面的影响。身在海外的闽南人依然要求子女学习闽南话，了解闽南习俗，唱闽南歌曲。他们在海外去世后，一般会在祖籍地举行招魂仪式，表示他们虽然客死他乡，但魂魄已经回到家乡。闽南文化中的回归意识是对中原农耕文化的一种承袭，中原文化中“安土重迁”的思想也在闽南文化中获得新的诠释。

第二节　闽南体育文化特征

由于受到地理生态环境、土著文化的融合及历史发展差异的影响，闽南体育在中原的播迁过程中产生了很多变异，形成一种独特的区域文化特征，不仅具有我国传统体育文化的基本属性，同时也有闽南地区的独特文化特点。我国传统体育文化和闽南文化是一体多元的关系，而闽南体育文化又在中华传统体育文化固有特征的基础上，以不同程度和方式具体表现出本地区特有的面貌。

一、闽南体育文化背景

闽南处在东南沿海地区，主要从事海洋捕捞、海洋养殖、海洋运输及海洋贸易等“以海为田”的海洋经济活动，所以在文化风格上也兼具海洋文化和商业文化的色彩。闽南华侨不仅将中国传统的武术、舞龙、舞狮、龙舟等民族体育项目带到国外，同时也将近代西方体育项目带回家乡，很好地促进了国内外的交往。华侨素有“爱国爱乡”的优良传统，他们为祖国和家乡的建设做出了巨大贡献。例如，著名华侨领袖陈嘉庚先生就是杰出典范，他为家乡捐款捐资办学校，特别重视德智体全面发展。为了培养家乡的体育人才，他在厦门大学办过体育班，现在厦门大学的体育活动十分活跃，对外的体育交流也非常多，不仅为福建省培养了众多体育人才，同时也为福建省体育运动的发展做出了巨大贡献。此外，他们还为家乡捐款、捐物，用于兴办教育事业，帮助体育更快速地进行传播。现在绝大多数学校都有自己的传统项目，在篮球、排球、足球、羽毛球、举重、田径、游泳、乒乓球等多个项目上培养了许多人才。

二、闽南体育文化特性

（一）时代性

随着经济的发展，闽南人的生活水平也在不断提高，闽南人爱拼敢赢的竞争精神也传承到体育比赛中。在农村，到了农闲和节日时会开展篮球比赛，他们通常是以村为单位组队参赛，场边的观众爆满，场面非常热闹。此外，学校和其他单位的工作者也会在节假日举办比赛，这表明了现代闽南人的竞争精神。此外，时代性还表现在人们积极参加和观看比赛上。随着科技的不断发展和科学技术设备的运用，体育比赛的观赏性更强，人们对体育也更加热爱。

（二）开放性

体育文化的开放性包括对内开放和对外开放两个方面。在对内方面，闽南人经常会邀请国内、省内的高水平球队或运动员来闽南进行友谊赛、表演赛或热身赛，使闽南人增长见识，丰富其业余生活。在对外方面，厦门举行了世界马拉松比赛，闽南地区各团体、学校会经常和东南亚、东亚各国进行体育交流，如菲律宾、马来西亚、新加坡、日本等都和闽南地区的团体、学校等进行过交流。此外，港澳台和闽南地区还会经常互派运动队进行比赛。

（三）乡土情谊

身在海外的闽南华侨有着强烈的乡土情谊，这种情谊深深地灌进中国文化中，促进中国文化的发展。在经过升华后，这种乡土情谊还可以很好地增强中华民族的凝聚力。中国运动员在国外比赛时，会有许多华侨华人观看，为中国队呐喊助威，很好地鼓舞了中国运动员的士气。在改革开放后，海外华侨华人社团迅速发展，这些社团与家乡进行沟通和交流。他们会派由自己子女组成的体育团体与家乡进行体育交流，这样不仅发扬了中国体育文化传统，同时也把国外的先进体育文化带入家乡，促进了家乡和华侨华人体育运动的进一步发展。

（四）地域性

独特的地理环境与气候使闽南地区产生了不同的生活方式和文化形态，形成了不同的体育文化。由于受到环境和气候的影响，闽南人的身体形态和身体素质与其他地方存在一定差异，具有弹跳好、速度快、小巧灵活等特点。由于他们长期和大海、高山搏斗，所以形成了吃苦耐劳、不畏艰险、敢于斗争的精神。将这些精神移植到体育运动中，克服了福建人身材上的劣势，促进了体育事业的发展。闽南地区在田径、游泳和球类等项目上都为国家输送了许多人才，为国家体育事业的发展做出了巨大贡献。除此之外，地域性的特点还表现在沙滩排球、帆船、游泳、攀岩等优势专项体育运动上，例如漳州国家排球训练基地为中国女排取得辉煌成绩做出了巨大贡献。

（五）商业性

闽南人在向海洋发展的过程中逐渐形成重商逐利的价值观念，这也促进了闽南地区体育商业的发展，进而促进了闽南体育的发展。泉州被称为“中国鞋城”，是耐克、阿迪达斯、锐步等知名品牌的加工基地之一，其中有很多都是国家运动队指定用品。此外，运动服装品牌也有很多，不仅有很多体育广告，还会频繁地举办由体育商品经营者赞助的体育活动和比赛，这些都对体育运动的宣传和普及起到积极的促进作用。商家的支持和赞助是闽南体育运动发展的另一个动力。

第三节　闽南民俗体育文化研究

闽南民俗体育文化历史悠久，兼具中原农耕民俗体育文化和沿海民俗体育文化的特色，是闽南文化的有机组成部分。文化具有吸引作用，闽南民俗体育文化以其丰厚的积淀、深邃的根基和独特的魅力，深深地吸引着闽南华侨。通过沟通与交流，有助于增进世界各地闽南人民对闽南文化的强烈认同，从而增强他们的民族意识，有助于继承和发扬中华民族优秀的传统文化。闽南民俗体育文化不仅是弘扬中华民族优秀文化的重要组成部分，同时也是拓宽交流领域、促进经贸合作的有效途径。通过对其进行继承和发扬，可以很好地推动闽南地区经济、文化等各项事业的发展。因此，需要了解闽南民俗体育文化的形成和社会功能，这样可以促进闽南民俗体育文化的传承和创新发展。

一、中原传统民俗体育文化随移民入闽

受到多种原因的影响，居住在黄河流域的汉族人民不断进入闽境，与当地的闽越少数民族一同成为闽越先人。他们为了敬仰祖先、祈祷祐护、庆祝收获、祭祀神鬼、驱逐瘟疫等，创编传承了韵律体育舞蹈和武术动作等相结合的民俗祭祀文化活动。汉族人民将具有独特优势的中原民俗体育文化传入闽南，并在和闽越

少数民族民俗体育文化进行交流与融合的过程中，产生了以汉族为主、闽越少数民族为辅的闽南民俗体育文化。

二、中原民俗体育文化在闽南的奠基和形成

唐朝的陈政、陈元光父子统军南下40余年，平少数民族“蛮獠”的“啸聚”叛乱。平定叛乱后，陈政、陈元光父子带领中原军人及其眷属5000余人定居在山清水秀的九龙江流域，对漳州进行开发和建设。在陈政、陈元光父子治理漳州期间，灿烂的华夏文明和中原民俗体育文化奠定了闽南民俗体育文化形成的基础。随着中原人大量入闽，闽南人的主导地位也逐渐被挤占，中原汉族民俗体育文化在与闽南少数民族民俗祭祀文化的融合发展中逐渐形成了独特的闽南民俗体育文化。

三、闽南民俗体育文化多种社会功能的发展

（一）闽南娱神祭祀民俗体育文化的发展

古闽越族将神秘的自然现象和自然力量归于鬼神巫觋的法术，因此产生了祭祀鬼神巫觋文化。中原汉族在南迁福建过程中，历尽千辛万苦，在进入闽南后又遭遇到各种特殊的生存环境，于是产生了依靠神灵庇护以保平安的心理和祭祀活动，并进一步形成了以民间信仰和民俗体育活动相融合的娱神驱鬼的闽南民俗祭祀文化。中原汉族人民在早期入闽开发和建设闽南的过程中，大都携带着各种神像，他们通过娱神祭祀来表达对神的崇拜和对祖先的敬仰，求助神灵和祖先驱赶瘟疫，保佑每年风调雨顺、人畜平安、五谷丰登。

在闽南地区，最为盛行的是祭祖敬神的“拜拜”文化。每逢祖先或神祇生日，都要祭祖敬神，感谢祖先和神的恩惠。而“拜拜”文化中，一项非常重要的内容是“迎神赛会”。每逢“神祇”出巡时，都要由各种“子弟阵头”护驾。“子弟阵头”可以由龙阵、狮阵、车鼓阵和杀狮阵组成，或是由宋江阵、八家阵和蜈蚣阵组成，另外还可以由秧歌牛犁阵、布马旱船阵和踩高跷阵组成。在进行重大“神祇”巡游时，要由各种游街艺阵综合组成庞大的“子弟阵头”护驾，将庙宇里的神祇在自己村落内巡游，来保佑村落四境平安、风调雨顺。此外，各类游街艺阵都有徒步或负重赶庙会、爬坡、翻山、越岭等固定的活动程序，不仅包括规定的疾跑冲抢、跳跃障碍物、角力较劲等身体姿势，特定的立、坐、蹲、跪、卧、躺、滚、攀、托、敲、打、掷、顶、抬、扛、拉、泅等身体动作，还包括文

武并茂的土风舞、元极舞等祭祀韵律体育舞蹈和娱神驱鬼武术动作。此外，还有组合成较大阵形的体艺结合的跑旱船、角抵、布马等各种民俗体育竞技活动和表演活动。

在送“代天巡狩”的王爷时，村中大户或宗亲大户会牵头，建造一艘一定大小的王船，并对其进行装饰。在王船入海时，由“子弟阵头”开路，护着经过装饰的王船，船的后面跟着手持檀香的虔诚村民，之后是将王船送入大海焚烧祭拜，祈求平安和吉祥。“子弟阵头”可以由狮队、鼓乐队和龙阵队等组成，或是由宋江阵、八卦阵和车鼓阵等组成，或是由蜈蚣阁、锣车鼓和金童玉女花轿等组成。

蜡祭、傩舞和巫舞等宗教巫术祭祀活动，是由巫师或祭者戴上面具代表神灵举行驱鬼逐疫的仪式。道士掷闹钹做“法事”，进行“做功德”、“开敬”和“普祀”等祭奠仪式，为丧家超度亡灵。通常是手持宝剑或徒手擒抓进行驱鬼锁妖的施法动作，普祀、安慰众无主“散鬼和鬼魂”，为亡魂开道，为生者祈福。

（二）闽南节日庆典及婚丧纪念民俗体育文化的发展

闽南民俗庆典体育文化活动丰富多彩，是闽南民俗体育文化发展的重要形式与内容。每逢喜庆佳节和各种赛会、庙会，都会有浩浩荡荡的大鼓弄狮、大鼓凉伞、昭君出塞和大车鼓等多种表演场面，以及由吉祥如意的老寿星、华丽耀眼的彩旦、清稽可笑的猪八戒娶亲和盛装浓抹的骑驴探亲等组成的文艺游街艺阵。此外，还有竹马灯、棚仔艺等活动，边走边舞，非常热闹。闽南民俗庆典体育文化活动通常融合在神灵吉日、庙会、挂香、踏火和游街仪式之中举行。在民俗庆典活动之时，会有大车鼓、锣车鼓等开坛奏响和由各种表演团队、说唱团队组成的游街艺阵等形式。在庆典中，不仅有飞舞翻腾的彩龙，也有表示祝福、欢庆丰收的穿灯舞等各种表演。闽南人民通过各种民俗体育文化活动和歌舞来欢庆丰收，祈求生财、添子、长寿，祝福幸福、吉祥的生活。现在，闽南民俗庆典体育文化活动已经成为闽南人民生活习俗中的重要形式和内容。

（三）闽南社会风情娱乐民俗体育文化的发展

在闽南地区，普遍流行的社会风情娱乐民俗体育文化活动主要包括大鼓凉伞、打花鼓、大车鼓、醒狮舞龙、舞狮、踩高跷、龙舟竞渡、太极拳、抖空竹、陀螺、角力、气功、围棋、拔河、跳绳、踢毽子、竹马戏、布马、宋江阵、跑旱船、牛犁阵、踏青、风筝、元极舞、土风舞等数十种。关于闽南民俗文化的整理，要对“拜拜”文化中有关“子弟阵头”的各种娱神祈福、祈求庇护等情境进行有效创新和改良，使其既具有民俗体育文化的传统特色，也具有时代的文明气息。在传承闽南民俗体育文化时，需要注重尊宗敬祖等民族意识、祛恶扬善的社会功能和热爱生活及和平的人生观念。

闽南民俗体育文化是融合了随移民入闽的中原民俗文化以汉族为主、少数民族为辅的多民族相互融合的文化。闽南地区的娱神祭祀、节日庆典、社会风情和婚丧纪念等民俗文化活动均蕴含着闽南人民宗族的亲和性和中华民族精神的凝聚性。各地不同民族的风俗习惯通过与闽南民俗体育文化活动相互融合，促进了闽南民俗体育文化多种社会功能的发展，使得娱神祭祀、节日庆典、社会风情和婚丧纪念等方面的民俗活动进一步丰富。

第三章　内外兼修——五祖拳

第一节　五祖拳的历史源流与流派探析

五祖拳是闽南传统文化的一朵奇葩，在 1984 年“福建省武术挖掘整理工作成果总结会议”上，被确认为福建省地方南拳之一。在 2008 年，五祖拳被列为“第二批国家级非物质文化遗产名录”项目。作为闽南传统文化的有机组成部分，五祖拳的影响力大，传播范围广，是一种具有活力的代表性拳种。本节将简单论述五祖拳的历史源流和传承流派。

一、五祖拳的历史源流

在五祖拳的历史渊源问题上，存在着四种比较有代表性的观点。第一种认为五祖拳是太祖、罗汉、达尊、行者、白鹤五个拳种的总称；第二种认为五祖拳是传统的太祖拳；第三种认为五祖拳是由少林寺和尚所传而得名；第四种认为五祖拳是由蔡玉明集白鹤、猴拳、罗汉、达尊和太祖五种拳术的精华而创立的一种。其中，前三种说法在传承体系、现存技术体系上没有任何印证，具有明显的逻辑错误和误读成分，不够严谨；而第四种说法则在历史背景、历史文献、历史事件等方面均有支持。

关于第一种观点，无论是从历史文献、产生年代、技术特点和多个研究成果中都得不到科学支撑，是一种需要审视的说法；第二种观点虽然具有一定理由，但是在逻辑上经不住推敲，尤其是在与第四种说法进行对比时，会明显暴露出这种说法中所蕴含的个人意愿和情感因素，也是不足确信的；第三种观点缺乏可靠历史资料的支撑，且从现存的技术体系上得不到任何印证，是一种需要坚决摒弃的说法；第四种观点是当前四种说法中最合理的一种，在历史文献和五祖拳彰显的时间上比较吻合，且得到了比较广泛的论证和认可。但是在拳种名称命名等细节问题上缺乏可靠的文献资料证实，需要继续进行考证。

二、五祖拳的祖师与传承流派

（一）五祖拳的祖师

蔡玉明是福建泉州南门外晋江梧塘冯尾村人，生于 1853 年，卒于 1910 年。其“和尚坟”保存在现在的梧坡村村边。蔡玉明于 1886 年考取晋江县学文科第 13 名秀才。在当时，蔡玉明是著名的武术家和医学家，从小酷爱武术，求父亲让他拜师学武。蔡玉明自幼广聘名师授拳，凭借着自身的聪颖和良好的悟性，18 岁时就精通了在闽南一带流传已久的太祖拳、罗汉拳、达尊拳、猴拳和鹤拳流派拳法的精华。在精通闽南本地的优秀拳种后，他开始广游大江南北，寻师游历二十余年。在游历过程中，蔡玉明通过切磋较技和拜师求艺等方式，大大开阔了自身眼界，不仅精通白鹤手、齐天指、太祖足、达尊身、罗汉步，还较好地掌握了部分北派拳脚功夫。经过多年的武术修炼，他逐渐领会各门各派的武术精华，并在明晚年综合吸收当时盛行于闽南一带的太祖拳、罗汉拳、达摩拳、猴拳、白鹤拳等福建南拳武术的拳术套路，融合鹤（河）阳师的拳法和自己毕生所学，创编出一门比较系统完整，内外兼修、风格独特、技击性强的五祖拳体系。关于五祖拳名称的由来，现在还找不到可靠的文献资料说明，是一个有待继续考证的问题。蔡玉明的门徒众多，其中比较著名的包括林九如、魏稳南、尤祝三、陈京铭、翁朝贤、杨捷玉和沈阳德等。经过一百多年的发展，现在五祖拳已经广泛流传于闽南地区、东南亚各国和欧美等地区，形成了一个庞大的武术门派。蔡玉明在深造武艺的同时，还具有一手高超的医术。相传蔡玉明开始得到鹤（河）阳师母的传授学习医术，后来鹤（河）阳师去世后，蔡玉明千里送师母回山东老家，师母见徒儿情深义重，便将毕生所学的骨伤科医术和治疗方传授给他。此后，蔡玉明在传授门徒时还曾一度提出“武医兼修”和“未练武先学医”的主张。这种情况也一直延续至今，有很多五祖拳的老拳师依然保持着习武与行医相结合的传统。

（二）五祖拳的传承流派

目前在闽南地区流传的五祖拳分为以下四个流派，这些流派的技术特点、风格和内容大体上相同，细微之处有所差异，但不存在根本性的差别。第一个流派是由蔡玉明的大弟子、五祖十虎之首、“通城虎”林九如等传下的，主要在泉州、晋江一带流传，并向海内外传播。该流派的主要传人包括吕鹏琦、妙月和尚、黄锡禧、陈隧、付仲华、林天恩和林天眷等人。第二个流派是由蔡玉明的关门弟子、五祖十虎之一的“玉面虎”沈杨德所传，被称为“五祖鹤阳拳”，主要以厦门新垵为根据地向外辐射。这个流派的主要传人包括邱思志、邱剑刚、邱衡煌、何苏武、邱加注、邱继仕、邱天乞、蔡瑞全、叶吝连和邱思炭等人。第三个流派是由蔡玉明的学生、人称“合伯”的杨捷玉所传，被称为“五祖白鹤拳”，号“鹤武馆”，其套路为四步头起势。该流派主要流传于厦门一带，主要传人包括林玉忠、王进添、陈文世、柯金木、蔡元皇、坑龙、许阿南、方邦再、白水仙和何志华等。第四个流派是由清末何阳师在漳州所传，被称为“五祖何阳拳”，主要在漳州、龙海一带流传。

关于五祖拳的历史源流问题，还需要对相关拳谱、族谱和文献资料进行发掘、收集和整理，并本着实事求是、宁缺毋滥等原则对资料进行分析、筛选、考证和对比，从而将五祖拳的产生、发展、传承和传播等进行还原。作为闽南传统文化的重要组成部分，五祖拳是闽南经济社会发展的历史积淀，是闽南文化的活化石，对于维护闽南区域体育文化繁荣、延续区域体育文化精神等方面具有无法取代的作用。

第二节　五祖拳与闽南文化

从历史产生的根源、形成、发展和当下练习人群的分布、相关竞技赛事，以及文化交流和相关观光活动的承办地等方面来看，闽南地区是五祖拳集中流传的区域，具有非常明显的地区文化特征。虽然当前五祖拳的历史渊源等问题还存在着诸多争论，但是五祖拳的闽南文化身份是各方公认和明确的。而五祖拳在海外的流传也非常清晰，是通过闽南华人华侨进行传播的，有着比较清楚的传承支脉关系。因此，五祖拳起源于闽南、集中流传于闽南，且在闽南地区获得广泛认同，使得五祖拳的主权归属地问题毫无争议，五祖拳具有明确、清晰的闽南文化身份。本节将论述五祖拳对闽南文化相关精神的吸收与融合，及对其进行深入挖掘的意义。

一、五祖拳对闽南文化的吸收与融合

（一）对爱拼敢赢精神的吸收与融合

林华东教授指出："闽南地区是一个移民的社会。移民性质促使闽南人为了生存产生拼搏意识。古代闽越人在恶劣环境中的抗争精神，也融入闽南文化之中。"五祖拳作为闽南土生土长的传统文化项目之一，在形成、发展和传承的过程中，受到了爱拼敢赢精神的影响。像五祖拳在技术技击中讲究的刚猛激烈、直进直退、重短打、重实效、重实战等技术特征和以博弈为基础的套路动作技术设计等，均很好地展现出闽南人民"狭路相逢勇者胜"的精神理念。闽南文化的爱拼敢赢精神，也被称为"硬汉"精神，这种精神贯穿于五祖拳的整个训练中。例如获得吉尼斯"最坚硬的手臂"称号的五祖拳拳师蔡长庆先生，之所以能够练就以手臂断石条的五祖拳硬功夫，便是具有顽强勇猛、坚韧不拔、永不言败等"硬汉"精神。蔡长庆先生的这种风范，是无数五祖拳师的一个缩影，同时也是闽南人爱拼敢赢精神的生动实践。需要注意的是，五祖拳吸收、融合闽南文化中爱拼敢赢的精神，并不是鲁莽无知、自高自大、目中无人、欺柔凌弱的莽夫行为，而是一种刚直朴素、追求内在文化蕴涵的全面人格修养。

（二）对重乡崇祖精神的吸收与融合

小农经济是我国传统社会主要的运作模式，在我国漫长的历史长河中，土地将人们密切地联系在一起。可以说，家族本位和乡土色彩是我国传统社会和传统文化的普遍特征。在传统社会中，由于闽南地区远离中原，特别害怕被边缘化，所以非常注重保存历代流传的文化信息。时至今日，重乡崇祖作为闽南文化中一种潜在的心理意识，依然表现出非常好的传承性和生命力，并广泛渗透在人们日常生活的各个方面。

目前，在港澳台地区及东南亚等地，五祖拳传承人都十分强调认宗、认谱。他们在海外结社建馆，通过建立五祖拳联合会、设立五祖拳训练馆，以及定期返乡参加相关赛事、学术研讨和祭拜祖先等活动来凝聚五祖拳传承谱系的传承与血缘关系。五祖拳的众多传承人通过记忆、发掘、修建祖地，建立起浓厚的五祖拳乡土观念。虽然有关五祖拳的开创祖师等问题还存在诸多争论，但是五祖拳的发祥地源于闽南这一点已经得到大家的公认。这也是五祖拳文化吸收与融合闽南重乡崇祖精神后，一贯崇尚保持寻根问祖精神而形成的清晰传承支脉关系的丰硕成果。当前，五祖拳在新加坡、菲律宾、印尼等国，以及香港和台湾等地区，均有闽南地区拳师创办的相关组织或机构。这些拳师虽然在海外发展，但是从来不忘祖先，时刻心系国内，关注五祖拳的发展。

据不完全统计，近几十年来通过成立“福建省少林五祖拳研究会”和“国际南少林五祖拳联谊会”，举办海峡国际武术大赛、五祖拳邀请赛，以及修建泉州少林寺等形式，先后吸引海内外五祖拳爱好者前来闽南进行学术交流、学习、参加比赛和观光旅游等达到上百万人次。在近二三十年间，闽南地区先后组团赴法国、印尼、南非、新加坡、马来西亚及香港、澳门等地交流比赛多达几十次。五祖拳除了是国际化传播较好的拳种之一，同时也是根系闽南、回归故里、举办相关返祖返乡活动最多的拳种之一。闽南文化中的重乡崇祖精神已经深深地渗透进五祖拳文化中，并且有效促进了五祖拳文化的集聚、统一与认同。

（三）对崇儒重义精神的吸收与融合

闽南文化的崇儒重义精神对五祖拳文化有着非常细致且深入的影响，且集中表现在五祖拳文化传统中的道德理念体系里，即五祖拳“武德”观的方方面面。“武德”指的是习武者所具备的一种品德，是指导习武者参与武术生活和其他社会行为的基本准则与规范，深入渗透进习武者的思想和言行中，是我国武术文化的重要组成部分。五祖拳受到闽南崇儒重义文化精神的影响，形成了忠于国家、忠于民族、服务家族、注重内涵、诚信谦让、重情重义的五祖拳武德文化体系。在国家危难之际，众多五祖拳拳师们投身革命运动，表现出忠于国家、忠于民族的大无畏精神。此外，无论是在传统社会中乡里族群间的械斗中，还是在当今修缮家谱、整理拳谱、修建家族名人纪念馆舍等各个方面，五祖拳传承人均表现出非常积极、团结和恋乡认祖的姿态，有着非常强烈的服务家族意识。五祖拳一贯的传统是注重内涵修养、诚信谦让和重情重义，可以在习拳者的生活态度、个人修养要求和思想境界追求等方面体现出来，是五祖拳传承者价值观、人生观、生活态度和具体行为的体现。蔡玉明认为，只有富有涵养、心地善良、行为光明、品格高尚的人才能够学好武艺，并使五祖拳发扬光大。对此，他留下一副对联作为馆训——“修身修性谦为本，学法学艺一气成”。上联指出谦是修身修性的根本，下联教诲门徒要有勤学苦练、锲而不舍的精神。

二、五祖拳闽南文化身份发掘的意义

五祖拳和我国武术文化整体一样，其深层文化内涵必然是发掘其价值体系的重要领域所在。有关五祖拳值得深入挖掘的话题包括忠于国家、忠于民族、服务家族；注重内涵、诚信谦让、重情重义；含蓄内敛、追求实效、不避利益等特点。当前发掘五祖拳的闽南文化身份，主要具有下面三个方面的意义。第一，五祖拳在闽南地区的发展非常强盛，是闽南传统文化的重要组成部分，同时也是一项优秀的文化结晶。很长一段时间以来，五祖拳得到了闽南地区人民的喜爱和认可，是闽南传统文化的有机组成部分。通过发掘其闽南文化身份，有助于深入了解闽南地区的传统社会文化。第二，五祖拳是一种非常优秀的文化，对闽南地区文化的形成具有良好的推动作用。例如，闽南地区爱拼敢赢精神的形成，便与闽南武术尚武精神的支撑密切相关。五祖拳作为闽南地方性的传统武术拳种，在形成和发展过程中受到了闽南地区文化传统、风土人情、历史事件、自然气候等环境的影响。通过发掘五祖拳闽南文化身份，有助于闽南文化的不断提升和进化。第三，五祖拳闽南文化身份的发掘，有利于保持我国民族传统体育的多元化和多样化。在当今世界全球化快速推进的背景下，全球化往往更容易被理解为统一化和同质化。例如在体育文化领域，奥林匹克技击体育作为最高的标准，被各民族和地方体育项目争相模仿，五祖拳等诸多地方武术也不例外。通过挖掘五祖拳的闽南文化身份，有助于整理其地方特色，凸显其独特的品位，实现各种文化的多元化发展。

五祖拳作为闽南地方性的传统武术拳种，在形成和发展过程中深受闽南地方文化传统、风土人情、历史事件和自然环境等的影响，具有典型的闽南地方特色。多年来，通过不断吸收与融合闽南文化的爱拼敢赢、重乡崇祖和崇儒重义精神，形成了闽南文化圈中最具代表性的传统武术拳种。近几十年来，我国武术文化在以奥林匹克运动为代表的西方竞技体育的强势对比下，开始以西方体育模式作为标准，而逐渐被改造和同化。因此，需要通过深入发掘五祖拳的闽南文化身份，通过梳理其价值思想、发掘其优势和优点，使五祖拳能够更好地发展。

第三节　五祖拳的技术风格与技术法则

五祖拳是吸收闽南固有的太祖拳、达尊拳、罗汉拳、行者拳、白鹤拳和部分北派武术精华所形成的一个新流派。其内容非常丰富，在理论文化理念、临场实战对决、基本功法训练、完整套路编排、拳术单练发力、器械对练配合、散手个别对打、集体阵法气势、跌打骨伤治疗和武德精神理念等不同方面，形成了一套比较完整的理论体系和技术技击体系。本节将论述五祖拳的技术风格和技术法则。

一、五祖拳的技术风格

（一）整体的风格理念

五祖拳的动作简单易学且非常实用，以刚猛、变化微妙著称，善于守而利于进攻短打。在整体的技术方面，五祖拳动作简练，拳势激烈，富有阳刚之美。五祖拳的发力讲究力摧三关，运腰送肩，出拳要求以点着力，强调运功发劲和运气充分结合，追求技术动作的彪悍勇猛和雄伟磅礴。在技术结构方面，五祖拳兼具南、北派拳术特点。例如，南拳的马步以八字步为主，北拳的马步以丁字步为主，而五祖拳的马步则是采取不丁不八步，重心位置为前后四六开。这样有利于做前、后、左、右的快速运动，是非常合理的步法。在拳术套路中的技术方面，北拳强调大开大合，南拳强调短小精悍，而五祖拳则是汲取南北之长，长、短兼有，根据实际需要选择长短。在技术运作方面，五祖拳要求出手迅猛有力，使得对方防不胜防。此外，五祖拳还非常注重内外兼修，从入门的基础套路起就开始进行内气的练习。

（二）重要的动作要诀

1. 手法要诀

连绵不断的手法是五祖拳技术动作中一项非常重要的内容，要求在运用时“软如棉，黏如糍”，一旦接手便灵活根据对方的劲力变化做到沾粘不离，当对方招式转换过程中出现破绽或空档时，就迅速应手而入，击其无备，达到一招制敌的效果。五祖拳的手法运用技术有四个要诀，分别是吞、吐、沉、浮。“吞”指的是用巧妙、细微的手法将对方所发出的劲顺其势引进，并进行化解，使对方的来势落空，并暴露出空档或失去重心。练习“吞”时要求动作细腻，全身协调，充分放松，做到动作灵活巧妙、顺势而为。“吐”指的是在瞬间发出不同劲力，使得对方无法躲闪、防备，包含冲、撞、震、颤等技法。在使用吐法时，进攻之前一定要先充分蓄势，做到下盘稳健，避免自己处于被动之中。在练习“吐”时要与运气相互配合，注意保持气势凶猛，发出猛劲。发劲时要做到劲力起于足，沉于丹田，通过腰脊、发于肢端。“沉”指的是将对方的技手压沉，使其无法进身或缩身，不能变招，形成抽已慢、变已迟的劣势。沉劲需要借助沉肩坠肘之势顺势完成，所以在练习时要将双腕顺势下沉，屏气将气沉于下丹田。“浮”指的是将对手重心提高，使对方发劲的劲路中断，并失去平衡。在运用浮法时要充分利用腰部力量，这样有利于使对方劲力反弹上浮，失去平衡。在初练五祖拳的手法时，注意不要用拙力而是用意，从粘手练习开始，在对练中逐渐训练试力、听劲、懂劲，最后达到能够化劲的水平。

2. 桥法要诀

五祖拳的桥法要诀指的是过、添、断、粘。“过”指的是用桥手与人接招时，利用扣、压、带、拨的手法来打开对方的破绽，从而寻找合适的机会出手攻击对手。在运用“过”法时，需要出其不意，动作敏捷，干脆利落。“添”指的是故意利用各种桥法和手法去接触和碰击对方，引诱对手出招露出桥手，创造“过”的机会。在运用“添”法时，需要把握好时机，通过假动作引诱对手，以获得无中生有的效果。“断”指的是两人交手时，我方的桥手处于不利的位置将会为对方所制而产生破绽、有被对方可乘之机时，立刻撤离与对方接触的桥手，将不利形势化去。在运用“断”法时，需要果断撤手，干脆利落，以免被对方牵制不放的被动局面出现。“粘”指的是双方交手时，我方的桥手占据优势，对方想要拆离桥手的接触逃脱时，我方的桥手紧紧跟着对方的桥手，跟着其变化而变化，不让对方脱离。运用“粘”法时，要有一种粘住对手身体的感觉，做到敌进我退、敌吐我吞、敌吞我吐、敌浮我随、敌沉我松。

3. 步法要诀

五祖拳步法的基本要诀是先稳固下盘，后灵动其身。只稳不灵会导致动作迟慢，只灵不稳会导致力道轻浮。当动作迟慢时，会非常容易受制于人；而动作力道轻浮时，由于无根不稳，会导致难以制人。五祖拳的步法便是起到根基的作用，无论哪种技术动作，如果没有步法的支撑和配合，都会失去稳固或灵活。因此，在五祖拳技术体系中，步法的地位非常重要。五祖拳步法训练的核心是保持平衡、稳固和灵活，通过刻苦训练桩功和基础套路，有助于下盘的稳固和灵活。三战拳是五祖拳入门的第一路拳，是一套最基本的练功拳，和二十拳合称为五祖拳的“拳母”。五祖拳有拳谚：“学拳三战起，三战练到死。”三战拳的基本功法非常强调步法的训练。因为只有步法达到稳固、灵活、快速的变化，才可以在应用中达到灵而不乱、快而不浮。如果步法只追求稳固、平衡而缺少灵活，则必然会导致呆板、迟缓，这样不仅导致不能抢到先机，而且还非常容易被对方所制。如果步法只追求灵活、快速而不稳固，则会导致招式轻浮，无法攻击对手。因此，需要根据正确的方法进行刻苦训练，才能获得灵中见稳、动中求静的步法。

4. 腿法要诀

五祖拳的腿法不仅包括脚的踢法，还包括步法和腿法相结合的技术，是脚法、腿法等的整合应用。五祖拳的腿法不仅仅是为了演练或造势，而是非常注重实战效果。腿法的要诀是低、冷、缠、踢、屈、剪。五祖拳腿法的“低”和“冷”是要求可以同时近踢和远攻，势正步稳。其中，“低”指的是在利用腿法时以近踢为主，追求稳、快，这样不容易失去平衡，有利于防守。“冷”是要求腿法与其他动作应相互配合，以隐蔽的腿法快速制胜。“缠”指的是在与对手交手时，以手对手、以脚制脚，上盘下盘同时进行攻防；在攻击下盘时，要注意攻击对方的马步，趁对手马步移动之际将腿法施展出来；缠法属于暗脚方法，主要应用于步法之中，具体包括钩、缠、包、顶、撞、靠、压、摆、弹等。踢法主要运用中下盘的腿法，并与手法配合，重视利用手法做掩护，具备典型的南拳风格，主要包括茵藤踢、盘龙踢、蹁踢、七寸踢和地趟钩踹等。屈法指的是跪步法，注重脚法的应用，包括前屈法、后屈法、指地双屈法；在跳下屈地时，通过结合体重与步型，来重挫对手的脚部。这种方法用来对付地趟腿法最具效果。剪法指的是落地金钩剪，通过扑地卧倒双腿剪击对方的脚腿，属于地趟腿法，具体包括阳剪、阴剪、连环剪和扑白虎剪等。五祖拳腿法的训练以练习步法为基础，并结合手法和踢法训练。如果没有灵活、敏捷的步法，便很难得心应手地运用腿法，不仅不能攻人不备，还会使自己处于被动。

二、五祖拳的技术法则

（一）五祖拳的功架技法要求

五祖拳对于身形的要求是百会穴提起，头部端正，身体挺直；起牙关，使颈部坚强有力；胸部挺而肩部略沉，大椎穴松弛，脊椎放松，使得中气可以运行畅通。

五祖拳对步形的要求是脚踏不丁不八步，双足着重用足掌和足后跟四个部位接触地面；十个足趾略微翘起，注意不要抓地；前足微内扣，两条大腿内挟，肛门提摄，膀胱缩起。

五祖拳对手法运用范围的要求主要有两点。第一点是动作活动范围在身体正前方的范围内，不要过多偏离这个范围，保证出拳发掌的终结位置在身体的纵切面的正中位方向上。第二点是在技击的过程中，手一击立即收回，不要处于尽直或尽曲的位置。手尽直会导致僵化，使得变化不灵活；而尽曲则会导致手短，使得出击较慢。举肘时要护住心胸的部位，收肘时要坠肘，这样可以保护两肋和腰肋的部位不被暴露出来。

五祖拳对运动形式的要求是清晰分明，不拖泥带水，通过运用全身的力量来发出浑厚的劲力。此外，还要保持各关节贯通，使得力量可以顺利传递到拳或掌上。

（二）五祖拳的动作规范方法

五祖拳规范和检验动作准确性的基本方法是以技击目的为标准来规范技术动作规格。五祖拳的技法众多，每个技法都有其技击功能，且每个动作的使用都要求与技击功能相吻合。所以，在熟悉各个动作的技击功能后，便可以根据每个动作的技击功能来规范其动作的运用，用它来检验动作是否准确。例如，切掌是中盘的进攻手法，其作用是用掌侧的大鱼际肌去打击对方的腰肋部位。所以，打出切掌时腕部要背伸与桡侧扣腕，使大鱼际肌能够碰击到对方的腰肋部；如果是伸直腕部，小鱼际肌便无法碰击到对方的腰肋部，那么，这种切掌便是错误动作。因此，在练习动作时，需要先了解动作的运动轨道，然后熟悉并牢记动作的技击功能，再用它来指导每一个动作的练习，这样可确保每个动作的准确。

（三）五祖拳的常用技术法则

1. 动作激烈，劲力浑厚

五祖拳的架势较小，出招密集，要求步步为营，招招发劲，以气催力。与蹦跳灵活、舒展大方的北方拳种相比，五祖拳的动作激烈，刚劲勇猛，再加上炯炯的眼神和稳健的步伐，会给人一种气势雄伟之感。

2. 动静急慢，节奏鲜明

在熟悉套路每一个动作后，需要全面了解整个套路的布局。哪一些动作要快，哪一些动作要慢，哪一些地方要停顿，哪一些地方要连续等，都需要合理进行安排并记住。一般说来，套路中的要求是招式与招式之间的过渡和转换要慢一些，完成招式的动作要快，动作的终止点应略作停顿，这样可使套路具有强烈的节奏感。此外，还要注意呼吸运气，这也会对节奏的快慢产生影响。在步与步的进退间可以深吸气，在动作与动作之间可以短吸气，在出声发劲时可以急促吐气等，这样可以控制节奏的快慢。

3. 内气充盈，贯注丹田

五祖拳在演练过程中各个动作环环相扣，配合密切，动作激烈，会消耗很大的体能。所以需要正确掌握呼吸的方法，从而在运动中吸入足够的氧气来供体内能量代谢，从而产生大量的热能供给。如果呼吸方法不正确，会导致产生的气力不能继续，从而影响动作的正常发挥，出现虎头蛇尾或气淤积于胸中的现象。

五祖拳中的气贯丹田（小腹中聚集气的部位）和气沉丹田既有相同之处，也有不同之处。相同之处在于它们都是以意识来引导内气的流动，使丹田获得有气的充实感。二者的不同之处在于气沉丹田是不故意用力，只是用意识顺势引导把气向下引，使气自然地沉入丹田，这种呼吸的方法是腹式顺呼吸；而气贯丹田是运用内力把气灌注入丹田，这种呼吸的方法更加积极主动，是腹式逆呼吸。五祖拳呼吸法的一般要求是在起势和收势时用气沉丹田的呼吸法，在演练过程中用气贯丹田的呼吸法。

4. 金刚之劲，力透三关

五祖拳的力量浑厚、刚猛，是从足底产生，通过胯部来推动腰的转动，然后运用腰的转动来带动躯干转动，再通过躯干来推动手臂的向前运动，最后手臂的伸肘直臂把力量传递到拳掌之上。这便是“力透三观”，从足发起，分别透过腰部、肩部和手臂三关将劲力送到拳掌上。

5. 升华技艺，内外合一

“升华技艺，内外合一。”这里的“合”分别包括内三合、外三合和内外三合三个方面的内涵。内三合指的是心与意合、意与神合、意与气合。心是思维的器官，在人体中是统帅地位；意是心的使者，负责传达心的号令。对于各种招式的运用是经过心的思维和记忆后，通过意来传达，对如何呼吸和向外表达进行指挥。如果上述内在的意识链可以练到畅通无阻、迅速传达，便说明已经进入心与意合、意与气合、意与神合的境界。外三合指的是步与身合、身与手合、手与眼合。步是一切动作的载体，只有通过步的移动才能实现招式的进攻、后退或左右躲闪；身躯是运动的枢纽，是动作转换和力量发放的根源，具有承下传上的作用。所以，要想顺利完成招式的应用，需要依靠身法和步法的密切配合。而手是运动的工具，需要依靠身形的变换来帮助其处于进攻或防守的最佳位置，这样才可以使招式发挥出最佳的效果。因此，需要与身法密切配合才能更好地使用手。眼睛是观察的器官，通过眼睛进行敏锐观察，再配合心意来指挥手、步、身的运动，才可以更加准确、有效地完成和发挥招式的应用。内外三合指的是意与形合、气与形合、神与形合。各个招式的功能、运动形态都要经过心的理解、熟识和记忆，再通过意来指挥和协调肢体各部分的运动。这样可以使各个动作规范完成，从而获得“形之所动，乃意之所达”的效果。招式不同，运气吐纳的方式也会有所区别。因此，需要了解运动形式和运气呼吸方法的内在规律，然后通过不断训练，将动作和呼吸有机地结合起来，从而正常发挥招式，避免气力不济等问题出现。眼睛是心的窗户，神通过眼睛对周围进行敏锐的观察，并传之于心；同时，又通过眼睛向外表达心的意思，指挥肢体运动。因此，将形态与神密切结合起来，可以对敌我双方的距离、时间、空间和方位等态势做出准确判断，为制敌打下基础。

通过分析可以看出，内三合是心的调节，外三合是形的配合，内外三合则是心意形气的配合。如果可以做到意到、神到、形到、气到，便可以达到内外合一的境界，即将武术的内涵和外形高度统一起来。

6. 寄有形于无形之中

寄有形于无形之中是一种训练的指导思想，与意、气、神、形态等无关。它适用于单独训练，即在单独训练过程中，将有形的对方想象在眼前（并不是真实存在），然后针对想象对象进行格斗。这样的意识输入有助于动作准确性和应变能力的提高，且可以巩固招式应用的潜意识、激励斗志，此外还有助于技艺的提高和武术技击性意识的保持。

五祖拳经过一百多年的繁衍和广泛流传，已经成为一个大的拳派。由于在传播过程中每个师傅的特长和地域存在差别，因而五祖拳在形态上有差异，但这是其发展过程中的一个正常现象。像太极拳也在发展过程中分出了陈氏、吴氏和杨氏等。虽然形态上存在差异，但是五祖拳的基本法则是相同的，具有自己的特征和特色。

第四节　五祖拳的相关基础知识

对于习拳者来说，在学习掌法、步法、桥法和腿法前，需要掌握正确拳形、掌形、手形和步形，这是能够准确运用技法的基础。如果使用的手形、步形等不正确，会影响技术技法的运用和效果。因此，需要掌握正确的姿势，掌握相关动作要领，为学习技术技法奠定良好的基础。

一、五祖拳的拳形与掌形

（一）拳形

除拇指外，其余四指向掌心卷曲。其中，食指、中指和无名指握紧，小指轻靠，拇指压在食指第二节上，如图 3-1（a）所示。拳背向小指侧倾斜约 30°，腕背平，腕向拇指侧扣紧，第二和第三指关节超于拳面，如图 3-1（b）和（c）所示。

（二）掌形

食指、中指、无名指和小指伸直，自然分隙，屈拇指旁靠，掌心略凹，似自然形态，如图 3-2 所示。

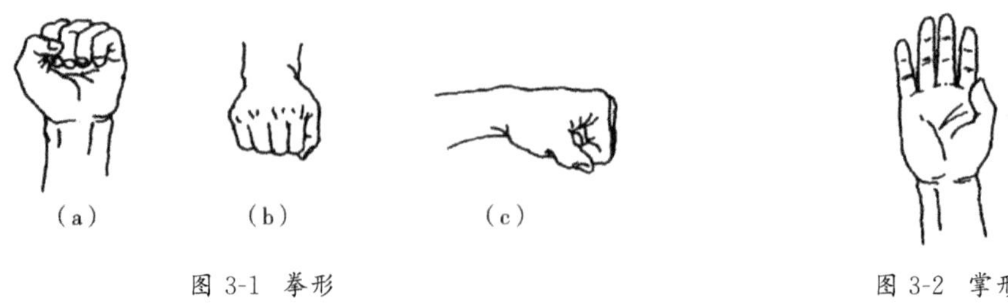

图 3-1 拳形

图 3-2 掌形

二、五祖拳的手形及步形

手形指的是各种拳法和掌法的姿势。五祖拳的手形有 15 种，每名习拳者都应掌握正确的姿势和动作要领，这样便可以为技法学习打下良好的基础。

（一）五祖拳的手形及动作要领

1. 复拳

复拳指的是拳背向上的握拳姿势，如图 3-3 所示。复拳是最基本和常用的拳形，在使用时应注意以下三点。第一，第三指掌关节要超出拳面并以此触击；第二，第三指掌关节应在桡骨长轴的延长线上；第三，要桡侧扣腕，使拳在承受反冲击力时不会因为摇动而受损伤。此外，注意避免使第一指间关节超出拳面，因为以此姿势触敌时，会导致力量被分解为一个向上、一个向前的两个分力，从而削弱打击力量，同时也容易导致自己受损。

2. 仰拳

仰拳指的是拳背向下的握拳姿势，如图 3-4 所示。在做仰拳时，腕关节要平且绷紧，否则会在反弹力的作用下摇动而受伤。另外，四个指掌关节要超出拳面。

图 3-3 复拳

图 3-4 仰拳

3. 竖拳

竖拳指的是拳眼向上的握拳姿势，如图 3-5 所示。在做竖拳时，腕关节应注意绷紧，并保持微屈，四个指掌关节应超出拳面。

4. 凤眼拳

凤眼拳的动作要领是四指向掌心握紧，注意食指第一指间关节要超出拳面，拇指第二节紧扣于食指第三节上，如图 3-6 所示。凤眼拳是用一个指间关节触击的拳姿，如果拳的出击力大，会导致回弹力也大，所以拇指必须紧扣在食指的第三节上，这样可以避免因反冲而受挫伤。

图 3-5　竖拳

图 3-6　凤眼拳

5. 半握拳

半握拳的动作要领是食指、中指、无名指和小指的指掌关节伸直，第一、二指间关节屈曲紧靠，拇指屈曲紧靠于食指的指掌关节旁，如图 3-7 所示。半握拳是用第一指间关节触击的拳姿，因此各个关节一定要绷紧。要想使用好半握拳，需要先用指间关节打击沙袋等实物，否则容易受伤。

6. 复掌

复掌指的是掌心向下的掌姿，如图 3-8 所示。

图 3-7　半握拳

图 3-8　复掌

7. 仰掌

仰掌指的是掌心向上的掌姿，如图 3-9 所示。

8. 竖掌

竖掌指的是掌心向左、右的掌姿，如图 3-10 所示。竖掌在进攻时是用指尖进行插击，在运用前，需要进行训练，否则容易受伤。

图 3-9　仰掌

图 3-10　竖掌

9. 一指掌

中指、无名指和小指向掌心紧握，食指伸直紧贴于中指第一节，屈拇指旁靠，如图 3-11 所示。一指掌也可称为点穴手，以单指出击。在使用前，必须进行一定训练，待其具有一定硬度和力度，并能够经受住反弹力的冲击后，才能进行使用。

10. 二指掌

二指掌也可称为蜈蚣手，是用中指和食指出击的掌姿。动作要领是食指与中指伸直分开，无名指和小指的指掌关节伸直，第一、第二指间关节屈曲，屈拇指旁靠，如图 3-12 所示。在使用二指掌前，需要进行一定训练，待手指具有一定硬度和力度，并能够经受住反弹力的冲击后，才能进行使用。

11. 漂掌

尽量屈腕并向尺侧扣紧，除拇指外的四个指掌关节半屈，指间关节伸直，然后屈拇指旁靠，如图 3-13（a）和（b）所示。漂掌是以腕关节的背部碰击并格开对方来招的，所以腕背必须绷紧。

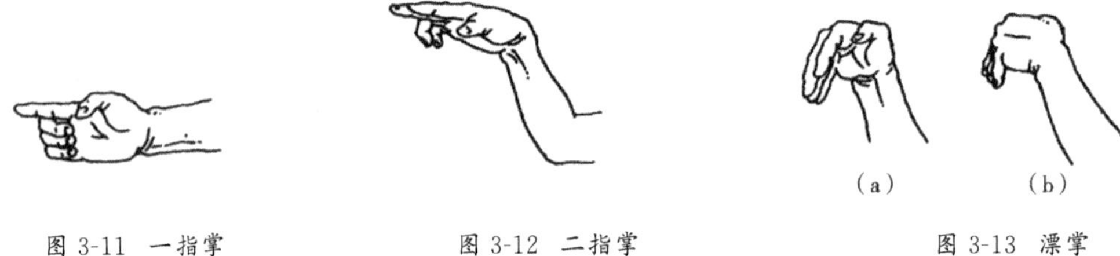

图 3-11　一指掌　　图 3-12　二指掌　　图 3-13　漂掌

12. 姜母掌

尽量背伸腕关节，除拇指外的四个指掌关节伸直，第一、第二指面关节屈曲并紧靠，然后屈拇指旁靠，如图 3-14 所示。姜母掌是用掌根出击的掌姿，因此要尽量背伸腕关节，使掌根向前。

13. 虎爪

虎爪的动作要领是张开五指，指掌关节尽量背伸，第一、二指间关节用力半屈，掌心微凹，如图 3-15 所示。

图 3-14　姜母掌　　图 3-15　虎爪

14. 鹰爪

四指并拢，指掌关节伸直，第一、二指间关节屈曲；拇指外展并屈曲，与食指相对，如图 3-16 所示。

15. 啄掌

啄掌的动作要领是四指并拢伸直，食指、无名指和小指分别向中指微卷，指掌关节微屈，拇指半屈，如图 3-17 所示。

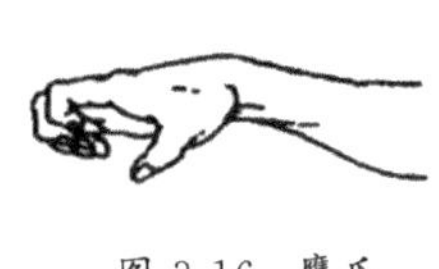

图 3-16　鹰爪

图 3-17　啄掌

(二) 五祖拳的步形及动作要领

步形也可称为定步站法，是静止的，其移动和变换的过程称为活动步法（步法），是武术套路和技击运动中的一种动的运动状态。步形是步法的基础，在技击运动中，一些定步站法配上手法，便成为对敌姿势（双方在未进入扑击或每一回合前的准备姿势）。对敌姿势的作用是使自己处于最有利的防守或进攻位置，从而为进攻、闪躲和诱敌做好准备。一般说来，不同的打法会采用不同的对敌姿势，这样可以将技术技巧充分发挥出来。在练习步形时，需要保持稳健、有定力，这样可以获得良好的稳度和适当的紧张度，从而为快而不浮、灵而不乱的步法打下良好的基础。

1. 立正步

立正步一般用于套路的起式和收式，动作要领是双脚直膝站立，双足并拢，足尖向前，如图 3-18 所示。

2. 平行站步

双脚左右分开，间距保持一肩宽，双足平行，足尖向前，如图 3-19 所示。平行站步也用于套路的起式和收式。

图 3-18　立正步

图 3-19　平行站步

3. 自然站步

双脚前后自然站立，前脚内扣向内前方，后脚外摆向外方，双膝微蹲，如图 3-20 所示。自然站步在套路中很少用到，主要是用于技击中的取势站法。

4. 四平马步

双脚左右分开，双足平行，足尖向前，两脚间距略宽于肩；双腿屈膝略蹲，身正，重心落在两脚中间，如图 3-21 所示。四平马步是五祖拳中的基本桩步之一，在套路中比较常用。技击时常在近身埋打、侧身转体发招及配合各种肘法出击时运用。需要注意的是，双蹲膝时膝盖的垂直线不要超出足尖。

图 3-20 自然站步

图 3-21 四平马步

5. 不丁不八步

双脚前后站立，前脚尖向前略内扣，后脚外摆，足尖向前外方；双腿屈膝微蹲，双足之间前后、左右各距一肩之宽，重心落在前后足的中间，如图 3-22 所示。不丁不八步是五祖拳中一种最基本桩步，平时训练时同四平马步一样要求"四点金落地"，夹腿、束裆、提肛、收腹，稳立于地。在技击中，由于不丁不八步比其他站法站得更高，容易向前、后、左、右移动，所以其在套路和技击的对敌姿势中，都是基本的步形站法。

6. 前弓后箭步

立正站步，一脚向前跨出一大步，足尖向前微内扣，前腿屈膝微蹲（大腿与小腿约成 135°），后脚伸膝直腿，足尖向外前方，双足左右间距为一足，重心落在两足间前三分之一处，如图 3-23 所示。前弓后箭步也可称为前弓步，是逆步发拳的基本步形，配合拧腰送肩可使发招达到最佳效果。需要注意的是，在发拳时身可略微前倾，但不要过于前倾；屈膝的前小腿要垂直于地，不能前倾，否则难以束腿提劲。

图 3-22 不丁不八步

图 3-23 前弓后箭步

7. 后弓前箭步

立正站步，一脚向后退一大步，脚横站，足尖向外，屈膝微蹲，前脚伸膝直腿，足尖内扣向内，双足左右间距为一足，重心落在两足间后三分之一处，如图3-24所示。后弓前箭步也被称为后弓步，是前手发招步形站法中的一种。由于跨距较大，所以较易失去平衡。

8. 平马弓箭步

双脚在一直线上左右分开一大步，其中一条腿伸膝直腿，足尖内扣向内前方；另一条腿屈膝稍蹲，足尖向前且微偏外，重心落在双脚间屈侧的三分之一处，如图3-25所示。平马弓箭步是配合拧腰发直拳和侧身出击的步形。由于双足在一直线上，是不稳的步形，所以在技击中使用较少。

图3-24 后弓前箭步

图3-25 平马弓箭步

9. 遛马步

立正站步，一脚后退半步，足外摆，足尖向外前方，腿屈膝半蹲，重心落于后脚上；前脚轻提，稍稍屈膝，以足掌轻点着地，足尖向前，如图3-26所示。遛马步也可称为寄脚步，是一种重要的定步站法，在套路中经常出现。此外，遛马步在技击中也常用于取势对敌。

10. 前三后七步

遛马步，轻点的前脚略向前移并全掌着地，足尖向前稍内扣，重心稍稍前移，后脚承七分，前脚承三分，如图3-27所示。前三后七步可简称为三七步，是介于遛马步和不丁不八步的中间步形。配合身法、手法和重心移动，与后两种步形互相转换，可以微妙地避开对方的打击并保持良好的出击距离。

图3-26 遛马步

图3-27 前三后七步

11. 独立步

立正站法，一脚向上提膝过腰，足背绷直，足尖向下，小腿垂直于地；另一脚站立撑地，足尖向前，重心落于站立之脚，如图 3-28 所示。独立步是重要的步形之一，要想成功使用，需要具备良好的独立平衡能力。

12. 悬步

立正站法，一脚外摆，足尖向外，屈膝半蹲，身体向外转，重心移至该脚；另一脚提起并内转，稍稍屈膝以足尖点地，足背向内，靠于支撑足的内侧缘，如图3-29所示。悬步也可称为吊步，是前虚后实、以侧面对敌的步形。在侧避后躲之时会经常采用这种步形，因为可以拉大对敌的距离，并且还有利于前脚发腿出击和继续移动。由于悬步是不稳定的步形，因此一般只作为过渡动作。

13. 骑龙步

平行站步，一脚向前跨出一步，足尖向前微内扣，屈膝略蹲；后脚屈膝半蹲约 90°，足跟提起，以足掌撑地，足尖向前，重心落于双脚中间，如图 3-30 所示。骑龙步是技击中比较常用的进攻性步形。在做动作时，前脚的小腿要垂直于地，不能过分前倾；后脚以足掌着地，有助于快速有力地前蹬冲击和左右移动。

图 3-28 独立步

图 3-29 悬步

图 3-30 骑龙步

14. 半跪步

立正步站好，一脚向前跨出半步，全掌着地；后脚脚跟提起，以足掌撑地，双脚尖向前。前后两脚屈膝下蹲，前脚大腿与小腿约成 45°，膝盖向前，后脚全蹲，膝盖向下位于前足的内侧成半跪状态，重心随之下降，落在两脚中间，如图 3-31 所示。半跪步是落地的步形，配合身法和手法用于避上取下的打法。

15. 交叉步

双脚前后交叉，间距约为一步，前脚脚尖向外前方，后脚尖向内前方，双大腿内侧相贴，双膝微屈，重心落在两腿中间，如图 3-32 所示。交叉步是一种不稳的步形，在套路中可做定形动作，在技击中只作为过渡动作。

16. 屈步

首先保持平行站步，一脚向后退半步，足外摆，足尖向外，屈膝全蹲，膝盖向外；前脚屈膝全蹲，大腿内收，以足内侧缘和膝盖内侧着地，小腿前横于后脚的前方，身体随着下蹲右转向右侧，重心落在后脚，如图 3-33 所示。在做屈步时，膝盖只以内侧轻点地，注意不要重击地面，否则会造成不必要的损伤。屈步是一种落地的步形，它是以侧面对敌，配合左右闪跳而避开正面的进攻。

图 3-31　半跪步

图 3-32　交叉步

图 3-33　屈步

17. 指地屈步

双脚左右分开一步，双膝全屈，双大腿内旋内收并拢，双膝向前蹲下，以两足的内侧缘着地，重心随之下降至两脚中间，如图 3-34 所示。指地屈步也是落地步形之一，主要用于压下踢和穿我胯下之腿，应用较少。

18. 坐莲步

平行步站立，右脚向左跨出一步，止于左脚前方，然后左脚向右横移于原右脚的位置，前后脚左右交叉。接着左膝全屈，膝盖向前，并以小腿和足外侧缘着地，右膝半屈，盘于左大腿之上，重心后落，身坐在左踝和左足内侧上，如图 3-35。坐莲步是落地的步形之一，主要用在套路中，在技击中使用极少。

图 3-34　指地屈步

图 3-35　坐莲步

第五节　五祖拳的技法解释

五祖拳的基本技法包括步法、掌法、桥法、拳法、腿法、身法、肩法和节法八个类别，其中，步法 23 种，掌法 29 种，桥法 10 种，拳法 12 种，腿法 17 种，身法 7 种，肩法 4 种，节法 9 种。它们是五祖拳功法训练的基础，每一名练拳者都要充分重视。因为只有将基本功练扎实，才可以获得高深的造诣。本节将分别论述五祖拳步法、掌法、桥法、拳法、腿法、身法、肩法、节法的详细动作。

一、步法

（一）概述

步法是每一名习拳者必须掌握的，无论是哪一种手法或脚法都需要依靠步法去接近目标并实施进攻。在技击过程中，可以通过步法移动来寻找攻击的目标和避开对方的打击，也可以用来寻找最佳攻击距离和最佳攻击位置，或是用来巧妙欺骗对方，从而使技击效能发挥最佳。可以说，步法是其他技法的基础，步法的移动技巧是技击的关键。一些步法通过与身法配合，可以有效避开对方的打击，并保持良好的反击距离。这样无需参与防守的双手就可以进行反击，从而形成“不招不架”和“以打返打”的技击法。要想成功地进行技击，需要正确掌握和使用步法。对于步法的要求主要有两点，分别是动中求稳和快速移动。动中求稳指的是在步法移动过程中保持良好的平衡状态，这是有效运招的先决条件；快速移动是取得先机和优势的前提，只有快速移动步法，才能快速地进行拳法和腿法等替他技法。需要注意的是，在技击中步法的移动不能过大，且不要停留在不稳的姿势上，否则容易失去平衡，导致自己处于劣势。此外，还需要注意将步法与其他技法协调配合运用。

（二）步法动作诠释

步法是定步站法的移动过程，下面以右不丁不八步为始势，分别对各种步法进行说明。图中的虚足印是原来的步形，实足印是移动后的步形。

1. 进步

右脚向前跨出一步，左脚跟上，依然为右不丁不八步，如图 3-36 所示。

2. 退步

左脚向后退下一步，右脚随之向左后方退一步，依然为右不丁不八步，如图 3-37 所示。

3. 上步

左脚越过右脚向前跨出一步，右脚外摆成左不丁不八步，或右脚伸膝直腿成左前弓步，如图 3-38 所示。

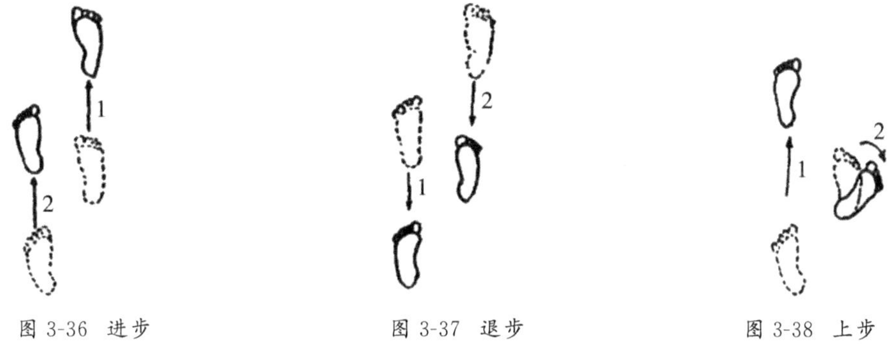

图 3-36　进步　　图 3-37　退步　　图 3-38　上步

4. 落步

(1) 落步。右脚经过左脚内侧向后退下一步，左脚以足跟为轴内扣，足尖向前微偏内成左不丁不八步或三七步，如图 3-39 所示。

(2) 侧落步。右脚向右后方退下一步，左脚向右横移成左不丁不八步，或左脚随之向右后方退下成左悬步，如图 3-40 所示。

(3) 转落步。左脚以左脚跟为轴外摆后转，足尖向后方。身体左转 180°向后，同时右脚随身体左转而从原左脚的左侧外方呈弧形向后跨出一步，双脚着地后以足掌为轴随身体再左转 180°向前成左不丁不八步，或是左脚后缩成左悬步，如图3-41所示。

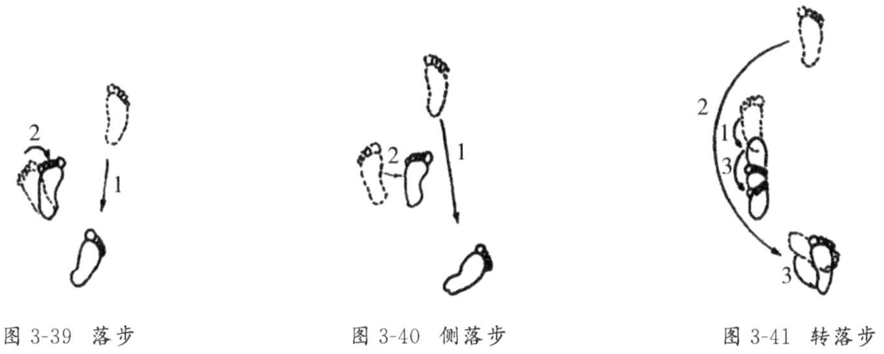

图 3-39　落步　　图 3-40　侧落步　　图 3-41　转落步

5. 赶步

(1) 赶步。左脚前移，当快移至靠近右脚后跟时，右脚迅速向前跨出一步，如图 3-42 所示。

(2) 后赶步。右脚向后收，在移近左脚时，左脚迅速后退一步，如图 3-43 所示。

6. 扭身步

右脚以足跟为轴外摆，脚尖向右；左脚以足掌为轴，提离足跟内旋成交叉步，同时身体随着脚步向右转 90°，如图 3-44 所示。

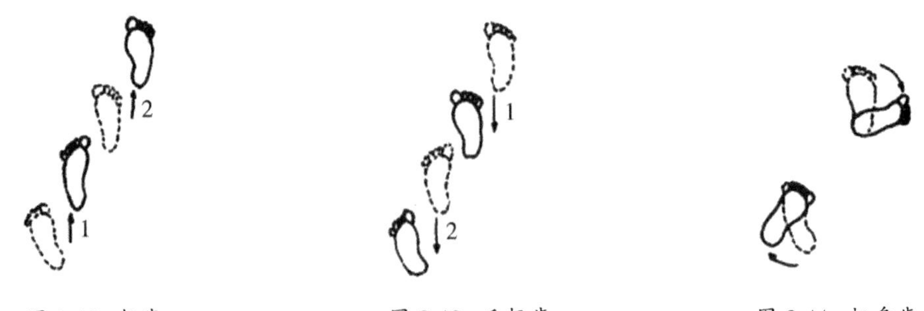

图 3-42 赶步　　图 3-43 后赶步　　图 3-44 扭身步

7. 踏步

(1) 前踏步。左脚越过右脚向右前方跨出一步，外旋着地，脚尖朝向左前方；右脚脚跟稍微外移，双膝微屈成交叉步，如图 3-45 所示。

(2) 后踏步。右脚从左侧越过左脚向左后方退一步，外旋着地，脚尖向左前方；同时左脚外摆，脚尖向左后方，双膝微屈成交叉步，如图 3-46 所示。

(3) 平踏步。右脚向左（与右脚保持在同一条直线上）侧移一步，外摆落地，脚尖向前；左脚稍稍外摆，脚尖朝向左前方，双膝微屈成交叉步，如图3-47所示。

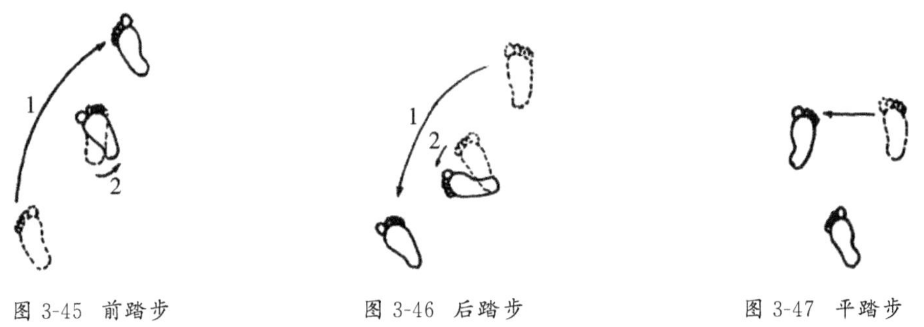

图 3-45 前踏步　　图 3-46 后踏步　　图 3-47 平踏步

8. 插步

(1) 前插步。左脚经过右脚的外侧向右前方跨出半步，以足掌着地，脚尖向左后方；同时右脚内扣，脚尖朝向左前方，双膝微屈成交叉步，如图 3-48 所示。

(2) 后插步。右脚向后退一步，右脚略微内扣，以足掌撑地，脚尖朝向左前方；左脚外摆，脚尖向左，双膝微蹲成交叉步，如图 3-49 所示。

(3) 侧插步。左脚向右越过右脚侧移半步，以足掌着地，脚尖朝向左前方；右脚保持不动，双膝微屈成交叉步，如图 3-50 所示。

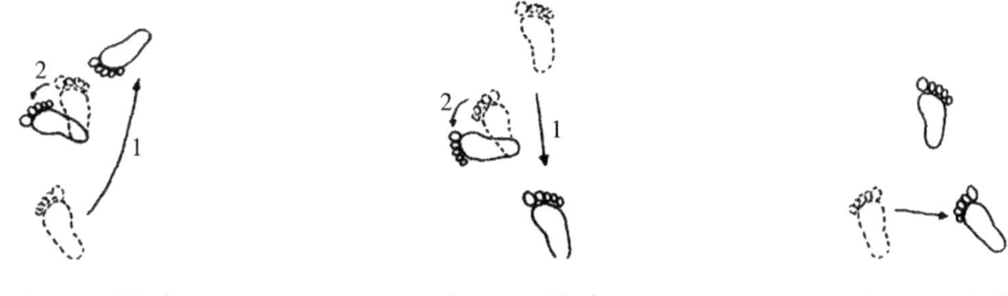

图 3-48　前插步　　图 3-49　后插步　　图 3-50　侧插步

9. 闪步

右脚向右前方斜向跨出一步，左脚随着向右前方跨一步成侧弓步，如图3-51所示。

10. 侧闪步

（1）前侧闪步。右脚向右后方与左脚在一直线上退下一步，脚尖向前，膝部半屈，同时左脚向右横收于右脚内侧，以脚掌轻点着地，如图 3-52 所示。

（2）后侧闪步。左脚向左侧横移一步，脚尖朝前，膝部半屈，右脚随之向左后方退一步，并收至左脚内侧，以脚掌轻点着地，如图 3-53 所示。

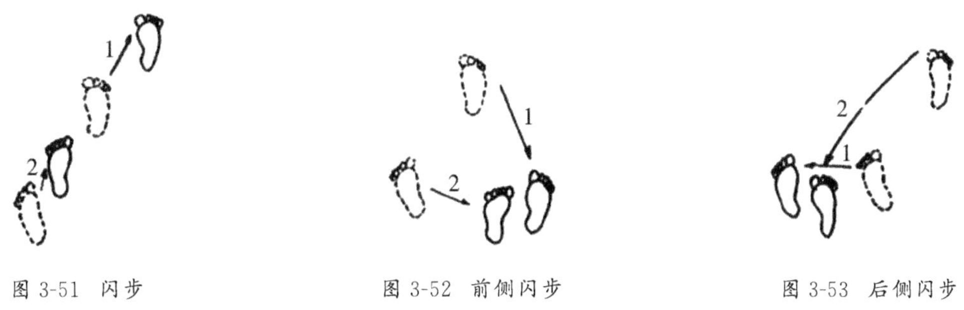

图 3-51　闪步　　图 3-52　前侧闪步　　图 3-53　后侧闪步

11. 摆步

左脚向左前方跨出一步，以足掌先着地并以此为轴内旋，脚尖向右；同时右脚以左脚为轴向左前方顺时针弧形摆出，身体随着脚步转 90°，如图 3-54 所示。

12. 腾空摆步

摆步中的双脚同时蹬地弹起，在空中同时进行变换；落地时的方位、步形与摆步相同，如图 3-55 所示。

13. 后摆步

以左脚为轴，右脚向左后方顺时针弧形退下，脚尖向右；左脚以脚跟为轴内旋，脚尖向右，身随着向右转约 135°，如图 3-56 所示。

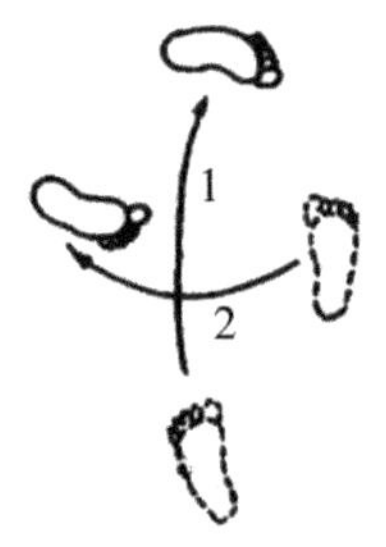

图 3-54 摆步

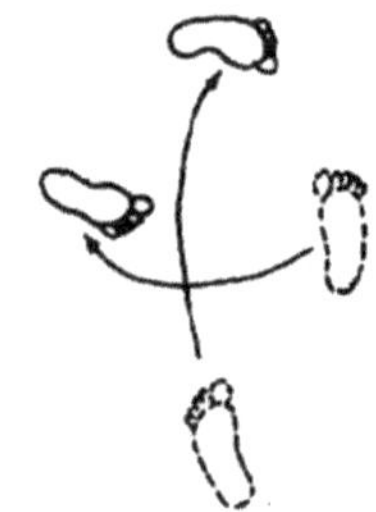
图 3-55 腾空摆步

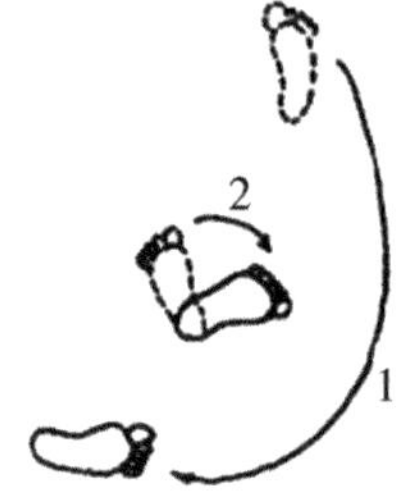

图 3-56 后摆步

14. 跃步

（1）前跃步。双脚用足掌蹬地向前，同时弹起跃出一步，落地后依然保持右不丁不八步，如图 3-57 所示。

（2）后跃步。双脚用足掌蹬地向后，同时弹起后跃一步，落地后依然保持右不丁不八步，如图 3-58 所示。

（3）侧跃步。首先保持平行站步或四平马步站好，然后双脚用足掌蹬地向左或右侧，同时弹起跃出一步，落地后依然保持平行站步或四平马步，如图 3-59 所示。

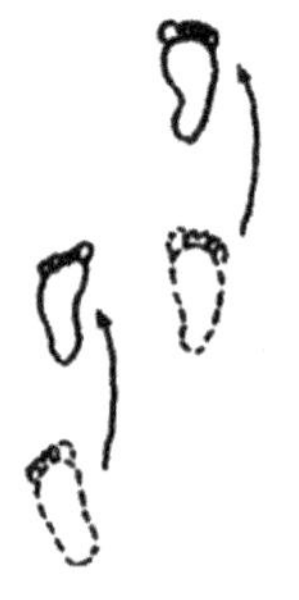
图 3-57 前跃步

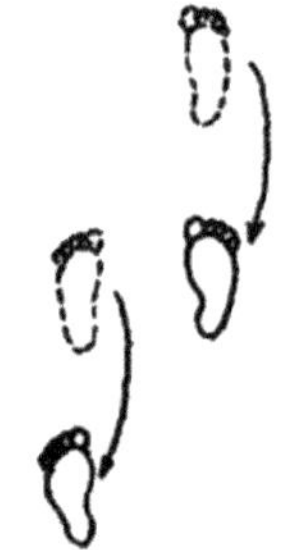
图 3-58 后跃步

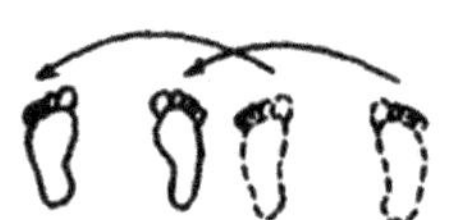
图 3-59 侧跃步

15. 换步

（1）换步。右脚后缩至与左脚在同一直线上的位置，然后左脚向前跨出一步，成为左不丁不八步或左弓步，如图 3-60 所示。

（2）换跳步。右脚在前，左脚在后，然后双脚同时蹬地弹起，在空中右脚与左脚前后位置互换（变为右脚在后，左脚在前），如图 3-61 所示。

16. 退平马步

右脚向右后方后退一步，伸膝直腿，足内扣，脚尖朝向左前方，成左平马弓箭步；同时上身左转拧腰，右肩向前，如图 3-62 所示。

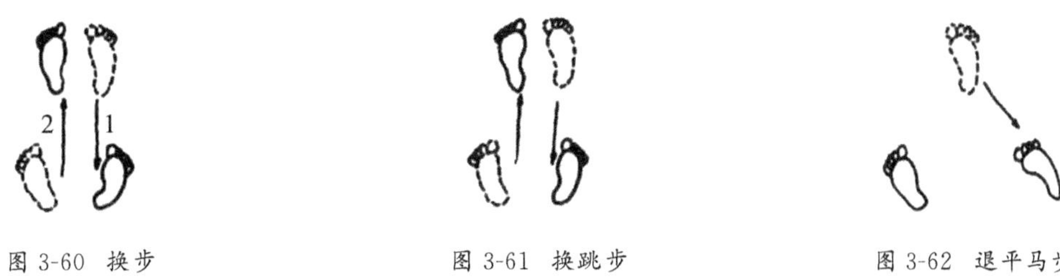

图 3-60　换步　　图 3-61　换跳步　　图 3-62　退平马步

17. 后转步

（1）慢后转步。右脚向左横跨半步，以脚跟为轴内旋内扣，脚尖朝向左后方，身体左旋 180°向后；同时，左脚外旋向后并向右横跨半步至之前右脚跟位置的后方，脚尖向后方略微内扣成左不丁不八步，如见图 3-63 所示。

（2）快后转步。右脚伸膝向后蹬出，同时上身左转 180°向后；左脚略微提高离地外旋向后跨出一小步，右脚内旋向后跟上成左不丁不八步，如图 3-64 所示。

18. 踏转步

右脚向右前方跨出一步，以足掌着地，脚跟外旋，足尖向右后方并向后伸膝蹬出，同时身躯右转 180°向后，右脚以足跟为轴外转向后，依然为右不丁不八步，如图 3-65 所示。

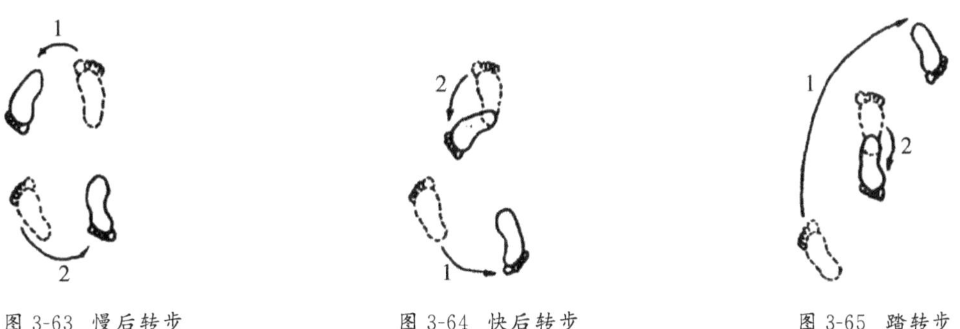

图 3-63　慢后转步　　图 3-64　快后转步　　图 3-65　踏转步

19. 内转步

左脚以右脚为轴向左后方弧形摆出一步，身随步内转约 90°；右脚以足跟为轴内旋，脚尖朝向左前方成向左的右不丁不八步或骑龙步，如图 3-66 所示。

20. 外转步

左脚向左前方跨一步，着地后脚尖内扣，右脚以足跟为轴外转，身体随步右转约 90°，成向右的不丁不八步或骑龙步，如图 3-67 所示。

21. 伸缩步

左脚伸膝直腿前蹬，右脚向前跨出一步成右前弓步，身体右拧，左肩向前，身体迅速后坐，重心后移至左脚上，左腿半蹲，右脚提起后缩半步，以足掌着地成右遛马步，如图 3-68 所示。

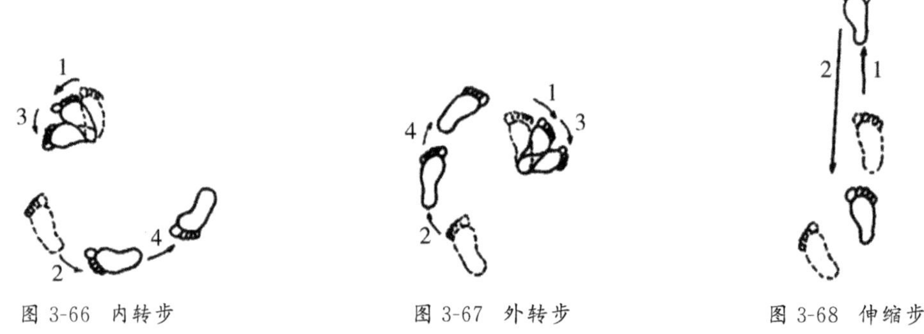

图 3-66　内转步　　图 3-67　外转步　　图 3-68　伸缩步

22. 跳屈步

(1) 前跳屈步。右脚伸膝后蹬并提腿后跳，身体随着后倾；左脚随之后蹬跳起。右脚先落地在后，左脚后落地在前，双脚成左屈步，如图 3-69 所示。

(2) 后跳屈步。左脚向左后方提腿外展后跳；右脚随之后蹬向左后方跳起收腿，身体也随着向左后方微倾；左脚先落地在后，右脚后落地在前，双腿下蹲成右屈步，如图 3-70 所示。

23. 叠马步

左脚向左前方上半步，身体稍稍左倾，随即右脚向前上一步，左脚跟上仍保持右不丁不八步，如图 3-71 所示。

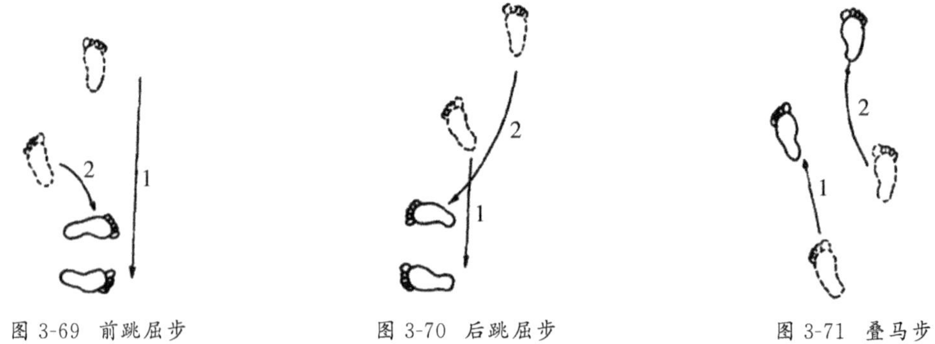

图 3-69　前跳屈步　　图 3-70　后跳屈步　　图 3-71　叠马步

二、掌法

(一) 概述

掌法指的是运用手掌进行扑击的方法，广泛应用于武术运动的跌、打、摔、拿、截等法中。特别是摔、拿两法，全是依靠掌法配合腿、步、肩、腰等法来完成的。虽然由掌发出的劲道比拳略弱，但是比较灵活多变。经过训练后，指尖、掌背、手刀可以达到一定硬度，运用起来的威力也很强，并不逊于拳法。

要想更好地使用掌法，不仅需要练好臂力、腕力、指力，还需要掌握好每种掌法的运用、触击部位和准确的姿势。此外，手掌还需具有一定的硬度，这样才能触击，否则会使自己受伤。在练习掌法时，四指要自然伸直，不能过分用力；切忌掌背反翘，指掌关节最好可以略微弯曲，使掌心凹成窝。这种掌形既可以避免手掌损伤，同时也是最佳的蓄力姿势。

（二）掌法动作诠释及应用

掌法可分为两种，一种是防守性掌法，一种是进攻性掌法。下面以右掌为例，分别论述掌法的动作及应用。

1. 防守性掌法

（1）擒掌。保持自然直臂，垂右掌于胯前，掌心朝向身体，掌尖向下，如图3-72（a）所示。然后前臂内旋，半屈肘经左侧身前上举于头部左上方，掌心向左，掌尖向上；然后向右前下方屈腕尺扣罩下，掌心向下，掌尖向右前下方，肘微微伸起内夹，前臂与上臂夹角约为 135°，掌高平肩，且略宽于肩，如图 3-72（b）所示。这种掌法一般应用于以掌擒住中上盘的来招。

（2）挑掌。保持自然直臂，垂右掌于胯前，掌心朝向身体，掌尖向下，如图3-73（a）所示。然后由下经左侧身前向右上方半屈肘（约为 135°），并外旋前臂弧形挑出至右侧身前，掌尖齐眉且略宽于肩，肘内夹，掌心向后上方，掌尖向前上方，如图 3-73（b）所示。这种掌法主要用于以掌向身侧挑开中盘的来招。

（3）开掌。首先举右掌于右侧身前与头平，掌心向左，掌尖向上，垂肘半屈，如图 3-74（a）所示。然后右前臂外旋，掌心向后，向左平移越过正中线，接着向右前下方内旋成复掌，伸肘直臂弧形打出至右侧身前，与腹部保持同高，如图3-74（b）所示。该掌法应用于用掌向内架开上盘的来招，用掌刀打击对方的颈部和胸部。

（4）盖掌。首先举右掌于右侧身前与头平，掌心向左，掌尖向上，垂肘半屈，如图 3-75（a）所示。然后以肘为轴经左侧身前向右前下方逆时针绕环运掌至右腰前方，略宽于身，肘半屈约 90°，前臂内旋，伸腕竖掌，掌心向前，掌尖向右前方，如图 3-75（b）所示。这种掌法主要用于由内向外架开中下盘的来招。

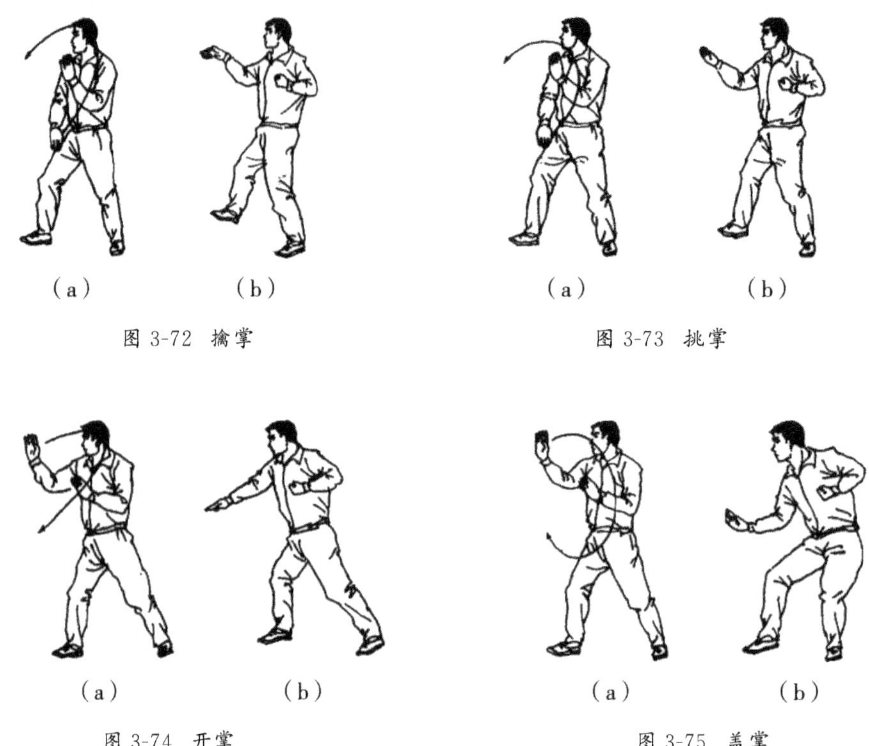

图 3-72 擒掌

图 3-73 挑掌

图 3-74 开掌

图 3-75 盖掌

（5）勾掌。首先举右掌于右侧身前与头平，掌尖向上，掌心向左，垂肘半屈，如图 3-76（a）所示。然后以肘为轴经左侧身前向右前方逆时针绕环运掌至右侧胯前，略宽于身，肘略伸，上臂与前臂约成 135°，屈腕尺扣，掌心向下，掌尖向右前下方，如图 3-76（b）所示。这种掌法主要用来由内向外架开中下盘的来招。

（6）撑掌。首先垂臂内旋于右侧身旁，腕略背伸，二指掌掌心向下，指尖向内前方，肘稍稍屈成弓形，如图 3-77（a）所示。右直腿、左拧腰，右臂向前方伸肘弹出，止于身前正中，掌位低于胯，掌心向下，掌尖向左前方，如图 3-77（b）所示。这种掌法主要用于向前崩开下盘的来招。

（7）漂掌。首先自然直右臂垂掌于胯前，掌心朝向身体，掌尖向下，如图 3-78（a）所示。然后右拧腰，同时半屈肘屈腕成漂掌，由下向右上方打出，止于右侧身前方，与下巴保持同高，略宽于肩，腕背向外，掌心向后下方，掌尖向左下方，垂肘内夹与身离一拳之距，如图 3-78（b）所示。这种掌法主要用于以腕背击开中上盘的来招。

图 3-76　勾掌　　图 3-77　撑掌　　图 3-78　漂掌

(8) 拨掌。首先自然直右臂垂掌于身旁，掌心朝向身体，掌尖向下，如图 3-79 (a) 所示。然后右掌外旋，掌心向前，由下经右外方，再转向内前上方屈肘内旋弧形运掌至身前正中，与鼻保持同高，掌心向左，掌尖向上，肘垂于右腰前方。该掌法主要用于以掌向内拨开中盘的来招，如图 3-79 (b) 所示。

(9) 压掌。首先举右掌于右侧身前与头平，掌心向左，掌尖向上，垂肘半屈，如图 3-80 (a) 所示。然后右掌由右上向内下弧形运掌下压，横前臂于腹部前方，掌心向下，如图 3-80 (b) 所示。这种掌法用于以掌向下压下中盘的来招。

(10) 托掌。首先自然直臂垂右掌于体侧，掌心向内，掌尖向下，如图 3-81 (a) 所示。然后掌外旋，腕背伸，由下向前上方屈肘约 90°成仰掌弧形托出至右侧身前，与下巴同高，掌心向上，掌尖向外前方，如图 3-81 (b) 所示。这种掌法主要用于以掌托起中上盘的来招。

图 3-79　拨掌　　图 3-80　压掌　　图 3-81　托掌

(11) 外爪掌。首先自然直臂垂右掌于胯前，掌心向前，掌尖向下，如图 3-82 (a) 所示。然后前臂外旋，半屈肘由下向前上方窜起至与眉同高，接着内旋掌、臂，屈腕、屈指成鹰爪，同时屈肘、收肩向右后下方抓下，至右侧胸旁，虎口向前、掌心向下，如图 3-82 (b) 所示。这种掌法主要用于以五指向外抓开中上盘的来招。

（12）内爪掌。首先自然直臂垂右掌于胯前，掌心向身体，掌尖向下，如图3-83（a）所示。然后掌、臂外旋，半屈肘经外向右上方举起至与下巴同高，掌心向上，掌尖向右前方；接着屈指成鹰爪，同时上臂内收，向左下方抓，至左侧胸前，此时虎口向右上方，掌心向左，如图3-83（b）所示。这种掌法主要用于由外向内抓开中上盘的来招。

（13）下爪掌。首先半屈肘举右掌于右侧身旁，高与头平，略宽于肩，垂肘，掌心向左，掌尖向上，如图3-84（a）所示。然后掌、臂内旋，掌心向前，五指半屈成虎爪，由上向内前下方略伸臂弧形抓下，至身前正中，与腹部同高，掌心向下，屈指侧向前，肘半屈置于右侧腹旁，如图3-84（b）所示。这种掌法主要用于由上向下抓下中上盘的来招。

（a）（b）图3-82 外爪掌　（a）（b）图3-83 内爪掌　（a）（b）图3-84 下爪掌

2. 进攻性掌法

（1）插掌。插掌包括竖插掌、仰插掌和平插掌三种。竖插掌的动作是右掌屈肘后收至右侧胸旁，掌心向内，掌尖向前，如图3-85（a）所示；然后，运劲直臂向前插出，与肩同高，掌心向内，掌尖向前偏下，如图3-85（b）所示。仰插掌的动作与竖插掌相同，只是将竖掌换成仰掌，插出时的高度与下巴齐平，如图3-86（a）和（b）所示。平插掌的动作与竖插掌相同，只是将竖掌换成复掌，如图3-87（a）和（b）所示。这种掌法主要用于以指插击对方的脸和胸部。

（a）（b）图3-85 竖插掌　（a）（b）图3-86 仰插掌　（a）（b）图3-87 平插掌

（2）蜈蚣手（二指掌）。首先右掌屈肘后收于右侧胸旁，掌形取二指掌，掌心向下，指尖向前，如图 3-88（a）所示。然后直臂运劲向前上方插出，与眼部保持同高，掌心向下，二指尖向前，如图 3-88（b）所示。这种掌法主要用于以指插击对方的双眼。

（3）点穴手（一指掌）。首先右掌屈肘后收至右侧胸旁，掌形取一指掌，掌心向内，指尖向前，如图 3-89（a）所示。然后直臂运劲向前冲出，与肩保持同宽，掌心向内，指尖向前，如图 3-89（b）所示。这种掌法主要用于以指尖点击对方的穴位。

（4）推掌。首先右掌屈肘后收于右侧胸旁，掌心向内，掌刀向前下方，如图 3-90（a）所示。然后伸肘直臂向前偏内运掌推出，与胸部同高，手臂略弯些，掌刀朝前，如图 3-90（b）所示。这种掌法主要用于以掌刀撞击对方胸部。

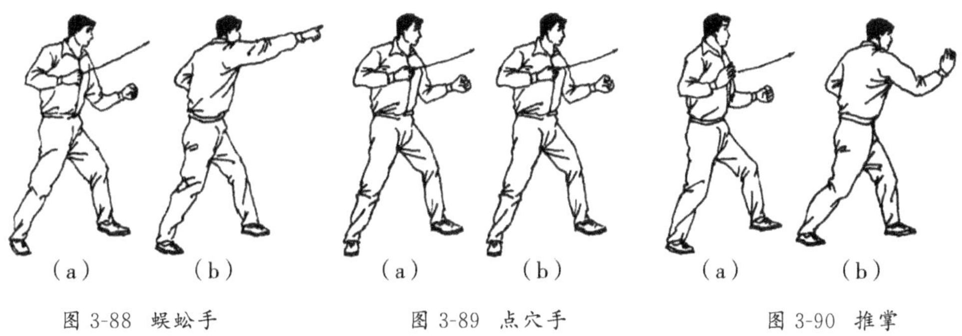

（a）（b）（a）（b）（a）（b）

图 3-88 蜈蚣手　　图 3-89 点穴手　　图 3-90 推掌

（5）挡掌。首先右掌屈肘后收于右侧胸旁，屈指成姜母掌，掌心向前，屈指侧向上，如图 3-91（a）所示。然后伸肘直臂向前运掌推出，与胸部保持同高，掌心向前，屈指侧向上，如图 3-91（b）所示。这种掌法主要用于以用掌根撞击对方胸部。

（6）弹掌。首先右前臂横于胸前，半屈肘竖掌，掌心向后，掌尖向左，位于左胸前方，四指略微弯曲，如图 3-92（a）所示。然后伸肘直臂向前上方抖腕弹出，至身前正中，与鼻或眼保持同高，腕屈而掌心向左后，掌尖向左前，指微弯曲，如图 3-92（b）所示。这种掌法主要用于以指背弹击对方脸部。

（7）啄掌。首先屈右肘，竖前臂于右侧身旁尺侧扣腕，指掌关节微屈，四指并拢向中指间微卷成啄掌，掌心向内下方，掌尖向前，与肩部同高，如图 3-93（a）所示。然后伸肘直臂向前偏内插至身前正中，与肩平高，掌心向下，掌尖向前，如图 3-93（b）所示。这种掌法用于以指尖插击对方颈部和腋窝。

图 3-91 挡掌　　图 3-92 弹掌　　图 3-93 啄掌

(8) 切掌。首先右屈肘后收于右侧胸旁，掌心向上，掌尖向前，如图 3-94 (a) 所示。然后伸肘直臂向内前下方内旋运掌击出至身前正中，与腹部同高，腕背伸，掌心向前，掌尖向右前方，如图 3-94 (b) 所示。这种掌法用于以掌根打击对方的两肋和腹部。

(9) 摇掌。首先右臂自然垂于身体右侧，掌心向身体，掌尖向下，如图 3-95 (a) 所示。然后左拧腰、半屈肘，掌外旋向内前上方弧形运掌打出至身前正中，与腹部同高，腕背伸、桡侧扣，掌心向左前上方，掌尖向右前方，如图 3-95 (b) 所示。这种掌法用于以掌根打击对方的腹部和两肋。

(10) 飞摇掌。起始姿势和运动过程与摇掌相同，不同点在于终止时与下巴同高，掌心向上，如图 3-96 所示。这种掌法主要用于以掌根撞击对方的下巴。

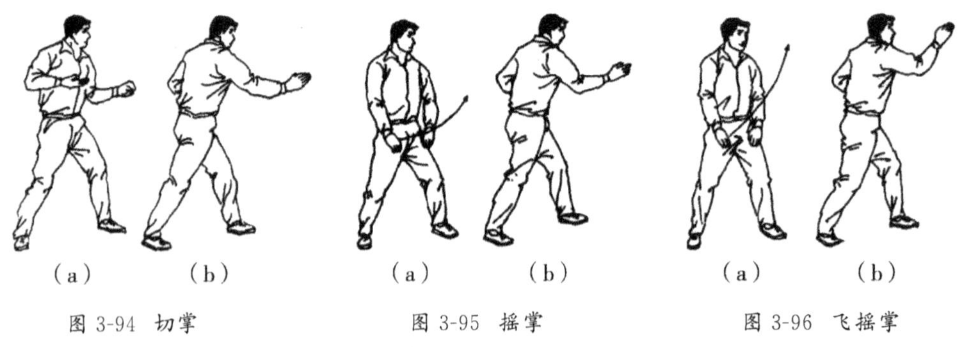

图 3-94 切掌　　图 3-95 摇掌　　图 3-96 飞摇掌

(11) 开弓掌。首先屈右肘举右掌于左肩前方，掌心向下，掌刀朝前，右前臂水平横于身前；屈左肘举左拳于右胸前方，拳面向右，掌眼向后，左前臂水平横于身前，右上而左下，如图 3-97 (a) 所示。然后右掌伸肘而不尽直臂，复掌向右外方水平位弧形打出至身体的右侧方，与肩同高，桡侧扣腕，掌心向下，掌刀向右；同时左拳向左侧水平拉开至左肩前方，拳面向右，拳眼向后，如图 3-97 (b) 所示。这种掌法主要用于以掌刀撞击对方的胸部和颈部。

(12) 打掌。打掌分为腰打和项打两种。其中，腰打的动作是右掌自然垂于体右侧旁，掌心向身体，掌尖向下，如图 3-98（a）所示；然后右掌外旋，略屈肘向外上举起至腰的高度，掌心向上，掌尖向外，动作不停，再转向内前方水平位弧形运掌至身前正中，与腰部同高，肘半屈，掌心向上，掌刀向左，如图 3-98（b）所示。项打的动作是右臂外展，高与肩平，屈肘举掌于头部右后上方，掌心向前，掌尖向左前上方，如图 3-99（a）所示；右掌向外上方伸肘直臂、外旋，以肩为轴向内前下方弧形运掌至身前正中，直臂仰掌，与下巴位置同高，掌刀向左，掌尖向前，如图 3-99（b）所示。这种掌法主要用于以掌刀横向打击对方的腰腹部和颈部。

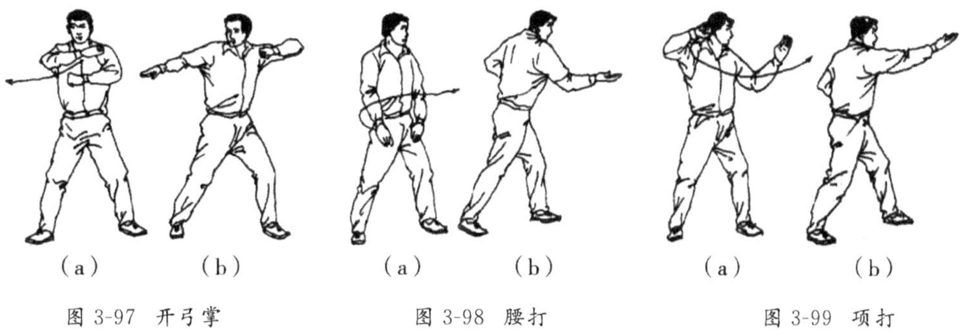

（a）（b）图 3-97 开弓掌　（a）（b）图 3-98 腰打　（a）（b）图 3-99 项打

（13）破掌。首先右臂外展平肩，屈肘举掌于头部右后上方，掌心向前，掌尖向左上前方，如图 3-100（a）所示。然后右手向内前上方伸肘直臂，至头顶前上方时，右掌外旋成竖掌，掌心向左，掌刀向前下方。动作不停，以肩为轴由上向前下方运掌呈弧形劈下至身前正中，与胸部同高，肘微屈，掌心向左，掌刀向下，如图 3-100（b）所示。这种掌法主要用于以掌刀由上而下打击对方头部和肩部。

（14）斜破掌。准备势与破掌相同，如图 3-101（a）所示。然后右手向右前上方伸肘直臂，掌外旋成半仰掌，掌心向左上方，掌刀向左下方。动作不停，以肩为轴向左下方弧形运掌斜劈至左侧身前，与下巴同高，肘微屈，斜仰掌，掌心向左上方，掌刀向左下方，如图 3-101（b）所示。这种掌法主要用于以掌刀斜向打击对方的颈部。

（15）反破掌。直臂自然垂掌于胯前，右掌心朝向身体，掌尖向下，如图 3-102（a）所示。右掌内旋，同时半屈肘经左侧身前举掌至头顶左侧，掌心向左，掌刀向上；动作不停，以肩为轴，伸肘直臂向内下方弧形运掌劈下至右侧身前，与胸部同高，微屈肘，掌心向左，掌刀向下，如图 3-102（b）所示。

（16）前爪掌。首先举右掌于右侧胸前，掌心向左，掌尖向上，垂肘半屈，如图 3-103（a）所示。然后右掌内旋，向内上前方直臂伸肘，同时五指半屈成虎爪，掌心向前，屈爪向上；动作不停，略屈腕向下方半屈肘弧形抓下至身前正中，与胸部同高，掌心向下，屈爪侧向前，如图 3-103（b）所示。这个掌法主要用于以爪向前抓击对方脸部。

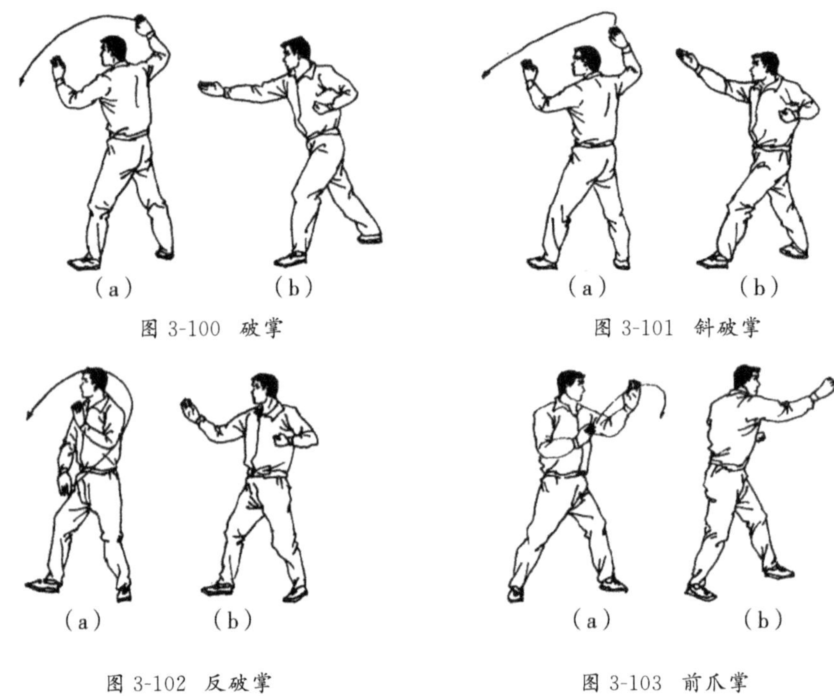

(a)　(b)

图 3-100　破掌

(a)　(b)

图 3-101　斜破掌

(a)　(b)

图 3-102　反破掌

(a)　(b)

图 3-103　前爪掌

三、桥法

（一）概述

福建南拳习惯性地将前臂称为“桥”，而运用前臂进行攻防的方法称为“桥法”。桥法有两种，一种是长桥，另一种是短桥。桥法是五祖拳重要的基本功之一，可以阻断、化开对方的来招，为进攻和反击扫清障碍。在近身对打中，桥法是一种封架和进攻同时并用的有力攻击法，是技击法的重要组成部分，每一名练拳者都必须准确掌握。

贡五技是一种基本桥法的训练，是练拳入门必学的项目，主要是对练的双方以前臂的内外侧进行对碰的练习，从而让“桥”（前臂）强硬起来，可以经得起碰击。而这也是桥法能够充分发挥作用的前提，否则无论是何种巧妙的桥法在运用时都会受到限制。正所谓“有桥桥上过，无桥添作桥，见桥即断桥，粘桥不离桥”。这句话中的过、添、断、粘是桥法的四字决。过指的是交手时，用桥法压住或扣住对方，使其暴露空档，再从空档进攻。添指的是交手时，我方有意识地使用桥手去碰击对方打开破绽，从而达到“过”的目的。断指的是当我方的桥手被对方所制处于劣势时，为防止对方乘虚而入，必须马上拆离桥手，从而化开不利之势。粘指的是当我方桥手已取得优势而对方欲拆离桥手时，我方紧跟之，跟随其变而变，不让其桥“断”掉。

在运用桥法时，需要注意以下三点。第一，要准确把握截击的时间，只有在对方出招接近我方的最后一瞬间完成，才可以造成对方“欲进被阻，欲退不能”的局势。第二，运用桥手进行消、截时，要求动作恰好能够挡住或消开对方的来招，注意不要过度，否则会使对方有机可乘。第三，要用步法、身法配合桥法进行消、截、阻击，这样可以使桥法更轻便、更容易成功。

（二）桥法动作诠释及应用（以右桥为例）

1. 关

首先屈肘，举右拳于体右侧旁，拳与肩同高，位超身前，拳眼向后、拳面向上，如图 3-104（a）所示。然后拳、臂外旋，以肩为轴向内垂臂平推至身前正中，前臂垂直，内侧缘向左，拳与鼻平，拳眼向右、拳面向上，如图 3-104（b）所示。这种桥法主要用于向内挡住中上盘的直线进攻。

2. 掀

首先保持自然直臂，垂拳于胯前，右拳眼向左、拳面向下，如图 3-105（a）所示。然后拳、臂外旋，由下经体左侧前向右上方半屈肘弧形运臂架出，止于右侧身前，前臂外侧缘向右，拳与鼻平，拳眼向右、拳面向前上方，如图 3-105（b）所示。这种桥法主要用于向外架开中盘的进攻。

3. 压

首先半屈肘，举右拳于体右侧前，与眼睛同高，如图 3-106（a）所示。然后前臂稍稍外旋，上臂内旋，使前臂弧形向内下方压下，右前臂水平横于身前，内侧缘向下，与腰部同高，拳眼向上、拳面向左，如图 3-106（b）所示。这种桥法主要用于向下挡压中盘的进攻。

（a）（b）
图 3-104 关

（a）（b）
图 3-105 掀

（a）（b）
图 3-106 压

4. 顶

首先半屈肘，右臂水平横于身前，与腹部同高，拳位于左侧腰前，拳眼向上、拳面向左，如图 3-107（a）所示。然后前臂内旋，横臂上举至头部的前上方，前臂内侧缘水平向上，肘半屈，右拳位于头部左上方，拳眼向后下方、拳面向左，如图 3-107（b）所示。这种桥法用于向上顶住上盘的进攻。

5. 架

半屈肘，右臂水平横于身前，右拳位于左侧腰前，拳眼向上、拳面向左，前臂与腰同高，如图 3-108（a）所示。然后前臂内旋，略伸肘向右前上方运臂架出至右侧头部前方，拳与头同高，正中位，拳眼向左后方、拳面向左前方，肘微屈约 135°，与下巴同高，位右肩前外上方，如图 3-108（b）所示。这种桥法主要用于向斜上方架开上盘的进攻。

6. 贡②

首先右臂外展，屈肘举拳于头部右后上方，拳眼向左后下方、拳面向左前上方，如图 3-109（a）所示。然后右拳外旋成竖拳并略微伸肘由外上方向内前下方运臂打下至身前正中，拳眼向上、拳面向前，前臂内侧缘向下，肘半屈，位于右侧腰前，如图 3-109（b）所示。这个桥法主要用于由上而下打掉中下盘的进攻。

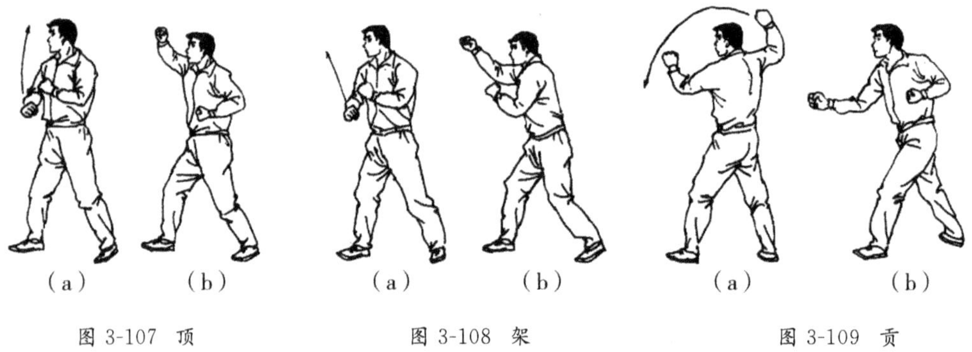

(a)　(b)　(a)　(b)　(a)　(b)

图 3-107 顶　　图 3-108 架　　图 3-109 贡

7. 桥

首先右拳自然下垂于右侧体旁，右拳拳眼向前、拳面向下，如图 3-110（a）所示。然后半屈肘，右竖拳由下向前上方运臂上提（前臂外侧缘向上）至右侧身前，前臂水平，与腹部同高，拳眼向上、拳面向前，如图 3-110（b）所示。这种桥法主要用于由下向上提起对方。

② “贡”是闽南方言，是以前臂的内侧缘或前臂的背侧面，由上而下格打对方中、下盘攻势的一种桥法。

8. 扣

首先屈肘、举右臂于右侧身旁，拳高与眼平，拳眼向后、拳面向上，如图 3-111（a）所示。然后伸肘向内前方运臂至身前正中位，拳与眼平，拳眼向上、拳面向前；动作不停，尺侧扣腕向右后下方屈肘勾拳至右侧身前，与腰部同高，拳眼向前上方、拳面向前下方，肘半屈位于右侧腰旁，如图 3-111（b）所示。这种桥法主要用于向外下方扣开中盘的进招。

（a）　（b）

图 3-110　桥

（a）　（b）

图 3-111　扣

9. 带

首先右拳自然下垂于胯前，拳心向身体、拳面向下，如图 3-112（a）所示。然后屈肘竖拳，以肘为轴向右肩前方弧形运臂带起至右侧身旁，肘收身旁，拳位于身前，与肩同高，拳眼向后上方、拳面向前上方，如图 3-112（b）所示。这种桥法主要用于向外上方带出中盘的进招。

10. 弹

首先半屈肘，右臂水平横于身前，与腹部同高，右拳位于左腰前方，拳眼向上、拳面向左，如图 3-113（a）所示。然后前臂内旋，伸肘向右前上方运臂弹出，高与鼻平，运臂弹出，如图 3-113（b）所示。这种桥法主要用于以前臂尺侧向前弹出上盘的进击。

（a）　（b）

图 3-112　带

（a）　（b）

图 3-113　弹

四、拳法

（一）概述

拳法指的是用拳进行攻防的方法，在武术运动中占有非常重要的地位。拳法的训练是五祖拳训练的一个重要组成部分。一记有威力的拳法需要具备四个条件，分别是力度、速度、准度和硬度。需要注意的是，每打出一拳，都要有蹬腿、转腰、送肩这三个动作进行配合。在出拳的开始，要从容、放松，注意速度要快，在拳即将接触到攻击目标的一瞬间握紧拳头，固好指掌关节和指间关节，同时收缩肌肉，用力向目标冲击。这种“先松后紧，先柔后刚，不到终点不发劲”的打法可以充分发挥出劲道。

顺步拳法（前脚前手的出拳法）比逆步拳法（前脚后手的出拳法）更能近敌，而且变化灵活。如果可以巧妙进行运用，有助于乱敌、诱敌和乘虚而入。逆步拳法具有巨大的威力，通常对克敌制胜起着决定性作用。无论是哪种拳法，在运用时都必须与步法协调、准确、灵活、巧妙地进行配合，这样才可以成就高超的拳艺。因此，在训练时应将拳法和步法结合起来练习。

（二）拳法动作诠释及应用（以右拳为例）

1. 撞拳

（1）钻撞拳。首先右拳屈肘后收于右侧胸旁，拳眼向外、拳面朝前，如图3-114（a）所示。然后拳内旋，伸肘直臂向前偏内成螺旋形撞出至身前正中，与胸部同高，拳眼向左、拳面向前，桡侧扣腕，拳背向外约倾斜30°，如图3-114（b）所示。

（2）平撞拳。首先右拳屈肘后收于右侧胸旁，拳、臂内旋，拳眼向左上方、拳面向前成半复拳，如图3-115（a）所示。然后伸肘直臂，拳向前偏内撞出至右侧身前，与肩部同高，拳眼向左、拳面朝前，桡侧扣腕，拳背向外约倾斜30°，如图3-115（b）所示。

(a)　(b)

图 3-114　钻撞拳

(a)　(b)

图 3-115　平撞拳

(3) 仰撞拳。首先右拳屈肘收于右侧胸旁，前臂外旋，拳眼向外、拳面朝前成仰拳，如图 3-116 (a) 所示。然后伸肘直臂，拳向上偏内撞出至身前正中，与肩部同高，拳眼向外、拳面向前上方，如图 3-116 (b) 所示。

(4) 竖撞拳。首先右拳屈肘后收于右侧胸旁，拳眼向上、拳面朝前，如图 3-117 (a) 所示。然后伸肘直臂，拳向前偏内撞出至身前正中，与胸部同高，拳眼向上、拳面朝前，如图 3-117 (b) 所示。这种拳法主要用于以拳面或四个指掌关节直线撞击对方上中盘的各个部位。

(a)　(b)

图 3-116　仰撞拳

(a)　(b)

图 3-117　竖撞拳

2. 弹拳

首先右臂半屈肘横于身前，与腹部同高，松握竖拳，拳眼向上、拳面向左，如图 3-118 (a) 所示。然后直臂伸肘向前上方运拳弹出至身前正中，与鼻同高，拳眼向上、拳面向左前方，如图 3-118 (b) 所示。这种拳法是用拳面弹击对方脸部。

3. 啄拳

首先右臂外展，屈肘举拳于头顶右后上方，拳内旋，拳眼向左下方、拳面向左上方，如图 3-119 (a) 所示。然后拳向内前上方伸肘直臂举至头顶前上方，拳眼向左、拳面向前上方；动作不停，再由上向前下方运拳弧形下击至身前正中，与颌同高，如图 3-119 (b) 所示。这种拳法主要是用四个指掌关节打击对方的脸部。

4．鞭拳

首先右臂外展，屈肘举拳于头顶右后上方，拳内旋，拳眼向左下方、拳面向左上方，如图 3-120（a）所示。然后向内前上方伸肘直臂，举拳至头顶前上方，同时拳外旋，拳眼向右、拳面向前上方；动作不停，再由上向前下方弧形运拳劈下至身前正中，与胸部同高，肘微屈，拳眼向右、拳面向前，如图 3-120（b）所示。这种拳法主要是用拳面的四个指掌关节打击对方头部。

（a）（b）（a）（b）（a）（b）

图 3-118 弹拳　图 3-119 啄拳　图 3-120 鞭拳

5．反鞭拳

首先右臂自然垂于胯前，握拳，拳心向身体、拳面朝下，如图 3-121（a）所示。然后拳由下经左侧身前半屈肘上举至头顶左前方，再经左上前方向右前下方伸肘直臂，右拳外旋弧形下劈至右侧身前，与胸部同高，肘微屈，拳眼向右、拳面向前，如图 3-121（b）所示。这种拳法主要是用拳面的四个指掌关节打击对方头部。

6．勾拳

首先右臂自然垂于右侧身旁，握拳，拳眼向前、拳面朝下，如图 3-122（a）所示。然后右拳外旋，由下向内前上方屈肘弧形运拳击出至身前正中，与颌保持同高，拳眼向右、拳面向前上方，垂肘半屈，位于右侧身前，如图 3-122（b）所示。这种拳法主要是用拳面由下向上打击对方的下颌和胸部。

（a）（b）

图 3-121 反鞭拳

（a）（b）

图 3-122 勾拳

7. 点拳（青龙点）

首先右臂自然垂于右侧身旁，握拳，拳眼向前、拳面向下，如图 3-123（a）所示。然后右拳内旋，由下向外上方展臂至平胸高度，再转向内前上方直臂弧形运拳击出至身前正中，与眼睛同高，臂微弯，桡侧扣腕，拳眼向左下方、拳面向左前方，如图 3-123（b）所示。这种拳法主要是用第 2 指掌关节打击对方的太阳穴。

8. 兜拳

首先右臂自然垂于体右侧旁，握拳，拳眼向前、拳面向下，如图 3-124（a）所示。然后右拳外旋，向外上方微屈肘展臂至与胸同高，拳眼向上、拳面向外；动作不停，再向内前上方半屈肘弧形运拳横击至身前正中，与鼻同高，拳眼向上、拳面向左，如图 3-124（b）所示。这种拳法主要是用拳面侧向打击对方头部。

9. 横扫拳

首先右拳举于左侧肩旁，拳眼向上、拳面向左后方，肘半屈，与肩部同高，如图 3-125（a）所示。然后向右前方伸肘直臂弧形运拳横击至右侧身前，与肩部同高，拳眼向上、拳面向前，如图 3-125（b）所示。这种拳法主要是用拳背或指掌关节横击对方头部或面部。

(a)　(b)　(a)　(b)　(a)　(b)

图 3-123　点拳　　图 3-124　兜拳　　图 3-125　横扫拳

10. 斜扫拳

首先右臂外展，屈肘举拳于头顶右后上方，拳内旋，拳眼向左下方、拳面向左上方，如图 3-126（a）所示。然后向右前方伸肘直臂举拳，拳眼向左上方、拳面向右上方；动作不停，再由右前上方经身前向左后下方直臂弧形斜扫而下至左侧身前，与左大腿中部同高，拳眼向左上方、拳面向左下方，如图 3-126（b）所示。这种拳法主要是用四个指掌关节打击对方的头脸部或用前臂打掉对方中下盘的进击。

11. 锤拳

首先右臂外展，屈肘举拳于头顶右后上方，拳内旋，拳眼向左下方、拳面向左上方，如图 3-127（a）所示。然后右拳外旋，向前上方偏内伸肘直劈，拳眼向后、拳面向上；动作不停，再由上向前下方弧形运拳击下至身前正中，与腹部同高，肘微屈，拳眼向上、拳面向前，如图 3-127（b）所示。这种拳法主要是用小鱼际肌由上向下打击对方的头部或肩部。

12. 撩拳

首先右臂自然垂于胯前，握拳，拳面向下，如图 3-128（a）所示。然后向右前上方直臂弧形运复拳撩起至右侧身前，与肩部同高，如图 3-128（b）所示。这种拳法主要是用拳背或指掌关节打击对方的下颔部。

（a）（b）图 3-126 斜扫拳　（a）（b）图 3-127 锤拳　（a）（b）图 3-128 撩拳

五、腿法

（一）概述

腿法指的是运用足的各个部位来进行功放的方法，它也是武术技击中的重要组成部分。由于腿部有着强劲有力的肌群，它发出的力量远远超于手臂的力量，如果可以与手法和步法协调配合，则可以展现出强于拳和掌的威力。成功运用一招准确、快速、有力的腿法，会对攻防的胜负起决定性作用，因此在运用腿法时，应注意以下四点。第一，在用腿法进行攻防时，需要快速出击并快速收回。因为在踢腿蹬脚时只剩一只脚撑地，身体会处于不平衡状态，如果被对手乘虚而入，将会受制于对手。而保持迅速的动作可以保持自身的平衡状态，同时也可以使对手猝不及防。第二，运用腿法时应尽量避免暴露自己的攻击目标，可以通过与手法、身法一起配合来进行掩盖，这样可以令对手猝不及防。第三，使用腿击时应该准确把握出击的距离。因为在太近或太远的距离出击会使自己处于劣势。第四，注意踢腿的高度。一般的要求是低踢不过膝、高踢不过胸。

（二）腿法诠释及应用（以右腿为例）

1. 铲腿

首先左脚撑地，左膝微屈；右脚提膝，踝内扣，足掌向下、足刀向右，如图

3-129（a）所示。然后伸膝直腿，用右足刀向右侧铲出。根据右腿铲出的高度可以分为高铲腿和低铲腿两种，其中与胸部同高为高铲腿，如图 3-129（b）所示，低于膝者为低铲腿，如图 3-129（c）所示。这种腿法主要是用足刀侧击对方的下肢或腹肋部。

2. 踩腿

首先以左脚撑地，左膝略屈；右脚提起，脚踝外摆，足掌向下、足内侧缘向前，如图3-130（a）所示。然后伸膝直腿向前踩出，高度不要超过膝部，如图 3-130（b）所示。这种腿法主要用足底跟部踩击对方的小腿。

（a）（b）（c）

图 3-129　铲腿

（a）（b）

图 3-130　踩腿

3. 前踢腿

首先左脚撑地，左膝微屈；右脚提膝，足背绷直向前、足尖向下，如图 3-131（a）所示。然后伸膝直腿向前上方踢出，高度不要超过胸部，如图3-131（b）所示。这种腿法主要是用足背踢击对方的裆部。

4. 侧踢腿

首先左脚外摆撑地，左膝微屈，身左转；右腿外摆，屈膝内旋，足背绷直向左前上方、足尖朝下，如图 3-132（a）所示。然后用右足背由后下方向内前上方伸膝直腿，并斜向上踢出，高度不要超过胸部，如图 3-132（b）所示。这种腿法主要是用足背踢击对方的腰肋部。

5. 点膝腿

首先左脚撑地，稍稍屈膝；右脚提膝，五趾尖翘起，足掌向前下方，如图 3-133（a）所示。然后伸膝直腿，以右足掌向上前方击出，高度不要超过膝部，如图 3-133（b）所示。这种腿法主要是用足掌点击对方的小腿和膝关节。

(a)　(b)　(a)　(b)　(a)　(b)

图 3-131　前踢腿　　图 3-132　侧踢腿　　图 3-133　点膝腿

6．勾腿

首先左脚撑地，足外摆，稍稍屈膝，身略微左倾；右脚提膝内旋，足尖翘起，足掌向内前方，如图 3-134（a）所示。然后伸膝直腿，用右足掌向内上前方斜向击出，高度不要超过腰，如图 3-134（b）所示。这种腿法主要是用足掌斜向点击对方的裆部或臀部。

7．扫腿

首先左脚外摆，略屈膝重心移于左脚，脚腿略伸直，如图 3-135（a）所示。然后以左脚为轴，右脚直腿向内前方弧形扫出至身前正中，全足落地，内扣成三七步，如图 3-135（b）所示。这种腿法主要是与手法配合将对方扫倒。

8．割腿

首先右脚在前、左脚在后，重心后移至左脚，微微屈膝，如图 3-136（a）所示。然后以右小腿后侧向后方直腿扫出成平马左弓步，如图 3-136（b）所示。这种腿法主要是与手法配合将对方绊倒。

(a)　(b)　(a)　(b)　(a)　(b)

图 3-134　勾腿　　图 3-135　扫腿　　图 3-136　割腿

9．前蹬腿

首先左脚撑地，稍稍屈膝；右腿提膝齐胸，踝背伸，足尖上翘，如图 3-137（a）所示。然后伸膝直腿，用右足跟向前上方蹬出，高度不要超过胸部，如图 3-137（b）所示。这种腿法主要是用足跟撞击对方的胸部或腹部。

10．横蹬腿

首先左脚外摆撑地，左膝稍屈；右腿提膝内旋，外展大腿横于身侧，与胯部同高，踝背伸，足跟向右，身略左倾，如图 3-138（a）所示。伸膝直腿，用右足跟向右侧横蹬击出，高度不要超过胸部，如图 3-138（b）所示。这种腿法主要是用足跟侧向蹬击对方的胸腹部。

（a）　（b）

图 3-137　前蹬腿

（a）　（b）

图 3-138　横蹬腿

11．后蹬腿

首先以左脚撑地，左膝稍屈，身稍前探；右腿屈膝，膝盖向下，踝关节背伸，足跟向后，如图 3-139（a）所示。然后伸膝直腿，用右足跟向后上方蹬出，与腹部同高，足跟向后，身躯前倾并略右转，如图 3-139（b）所示。这种腿法主要是用足跟从后面击对方的裆部或腹部。

12．扫堂腿

首先左脚屈膝全蹲，足外摆；右脚伸膝直腿，踝内扣，如图 3-140（a）所示。然后以左脚为轴，用右腿由后外方向内前方弧形扫出 135°～270°；接着双手按地，身随脚扫而左转，如图 3-140（b）所示。这种腿法主要是用腿扫击对方的踝部使之失去平衡而扑跌。

（a）　（b）

图 3-139　后蹬腿

（a）　（b）

图 3-140　扫堂腿

13．落地双剪腿

首先以右侧臀部触地侧卧，双掌按地，双腿左上右下直腿交叉，如图 3-141（a）所示。然后右腿向右、左腿向左，双腿左右互剪，如图 3-141（b）所示。这种腿法主要是以双腿交叉所形成的力将对方剪倒。

14. 海底穿针腿

首先右侧臀部触地侧卧，双掌按地，双腿右下左上交叉，右腿伸直踝关节背伸，左腿半屈膝，踝关节背伸，如图 3-142（a）所示。然后双腿前后交叉，右腿屈膝后拉，同时左腿伸膝蹬出，如图 3-142（b）所示。这种腿法主要是以双腿蹬出与勾人所形成的剪力将对方绊倒。

（a）（b） 图 3-141 落地双剪腿

（a）（b） 图 3-142 海底穿针腿

15. 落地侧铲腿

首先以左侧臀部触地侧卧，双掌按地，左腿屈膝，以外侧触地；右腿屈膝，踝内扣，足刀向前上方，如图 3-143（a）所示。然后伸膝直腿用足刀向斜上方铲出，如图 3-143（b）所示。这种腿法主要是以足刀踩击对方的腿部或裆部。

16. 落地双蹬腿

首先后仰卧以腰背触地，双臂屈肘护住头部和胸部，双脚屈膝收于腹部上方，踝背伸，如图 3-144（a）所示。然后双腿相继或同时伸膝直腿，以足跟向上蹬出，蹬出后迅速收回，如图 3-144（b）所示。这种腿法主要是在被动倒地时，用双腿或单腿蹬向对方的胸腹部来化解危机。

（a）（b） 图 3-143 落地侧铲腿

（a）（b） 图 3-144 落地双蹬腿

17. 落地双踢腿

首先后仰卧以腰背触地，双臂屈肘护住头部和胸部，双脚屈膝收于腹部上方，踝绷直，如图 3-145（a）所示。然后双腿相继用足背向上踢出，然后迅速收回，如图 3-145（b）和（c）所示。这种腿法主要是在被动倒地时，用足背踢击对方的裆部或臀部来化解危机。

(a)

(b)

(c)

图 3-145　落地双踢腿

六、身法

（一）概述

身法指的是人体躯干在武术运动中采用的各种姿势，大致可以分为以脊椎为轴转动的身法和以腰为轴转动的身法两种。其中，以脊椎为轴转动的身法根据攻防动作的需要，有墓碑身、半掩身和一傺身三种姿势；以腰为轴转动的身法根据不同的技击情况，有吞胸、下躲、侧闪和仰身等姿势。需要注意的是，腰是全身运动的枢纽，具有承下接上的作用。如果可以将腰、腿的力量通过变速圆周运动的形式转换成肩、臂的力量，可以使出击的劲力大大提高。使用灵活多变的身法，可以使对方难以准确判断出我方的招式，从而为我方攻击提供有利条件。此外，躯干进行迅速移动，通常可以避开对方的打击，有助于进行防守和反击。身法是否灵活对于提高武术运动水平具有决定性作用。五祖拳对身法的要求有两点，第一点是要与手、肩、腿、步协调配合，保证动作的快速、流畅；第二点是要先手、脚而动。

（二）身法诠释

1. 以脊椎为轴的身法

（1）墓碑身。左右肩不前不后地在同一个平面上，整个身体正面向前，如图3-146所示。

（2）半掩身（公鸡身）。躯干以脊椎为轴旋转 45°，整个身体斜对前方，如图 3-147 所示。

（3）一傺身（侧身）。躯干以脊椎为轴旋转 90°，双肩一前一后，整个身体以身的一侧向敌，如图 3-148 所示。

图 3-146　墓碑身

图 3-147　半掩身

图 3-148　一倏身

2. 以腰为轴的身法

（1）吞胸。胸腹部尽量内凹，背部拔起，同时双肩向中间靠拢，如图 3-149 所示。

（2）下躲。躯干前探俯身，同时双腿下蹲，如图 3-150 所示。

（3）侧闪。躯干向侧方倾斜，同时配合旋身向侧方闪开，如图 3-151 所示。

（4）仰身。躯干向后仰，同时重心后移落在后腿上，如图 3-152 所示。

图 3-149　吞胸

图 3-150　下躲

图 3-151　侧闪

图 3-152　仰身

七、肩法

（一）概述

肩法指的是肩关节运动的方法。肩部同样也是技击的重要部位之一，是腰、腿力量运到手臂的中间环节。如果这几个部位不能密切配合，会大大减弱出拳和出掌的劲道。要想充分发劲，速度和力量是不可缺少的两个因素。此外，还要注意放松肩部，这是快速出拳的关键。如果在未出拳时肩关节先绷紧，会使动作呆滞，导致无法快速出拳。运肩前送可以使躯干加入出击动作中，从而将碰撞的力量大大提高。在技击中，容易出现耸肩的问题，这会对出拳的速度和力量产生严重的影响，因此需要防止这种问题出现，自然地下沉肩部。

（二）肩法诠释

1. 卸肩法

首先以脊椎为轴，把发招一侧的肩膀向前送，注意身躯不前倾。然后将墓碑身转为一僚身，或将右（左）半掩身转为左（右）半掩身，如图 3-153（a）和（b）所示。

2. 吞肩法

首先将发招一侧的肩部向后缩，然后转左半掩身为右半掩身，如图 3-154（a）和（b）所示。

图 3-153　卸肩法

图 3-154　吞肩法

3. 晃肩法

保持双肩放松，不断地进行左右摇晃，如图 3-155（a）和（b）所示。

4. 肩撞

以背椎为轴，抖胛使肩配合步法向前撞出，如图 3-156（a）和（b）所示。

图 3-155　晃肩法

图 3-156　肩撞

八、节法

（一）概述

肘为手的中节，膝为腿的中节。节法指的是运用肘、膝进行技击攻防的方法，可以分为肘法和膝法。肘关节和膝关节是人体两个有力的关节，将它们作为攻击的武器，可在近身扑击中发挥其威力。需要注意的是，肘法和膝法伤人过重，切记不可随便乱用。

（二）节法诠释及应用

1. 肘法

（1）上撞肘。首先屈右肘，握竖拳收于体右侧旁，与胸部同高。然后用肘尖由下向前上方以肩为轴弧形上撞至右侧身前，肘尖向前，与肩部同高，如图3-157（a）和（b）所示。这种方法主要用于以肘向前撞击对方的胸部和下颌。

（2）外撞肘。首先右肘半屈，横臂于胸前，复握拳，拳眼朝向身体、拳面向左，位于左肩前方，如图3-158（a）所示。然后用肘尖由内向外水平撞出至右侧身旁，肘全屈，肘尖向右，与胸部同高，拳位于右肩前方，如图3-158（b）所示。这种肘法主要是用肘部向外撞击对方的胸肋部。

（a）（b）

图3-157 上撞肘

（a）（b）

图3-158 外撞肘

（3）内撞肘。首先屈右肘，握竖拳收于右侧身旁，与腹部同高，如图3-159（a）所示。然后用肘尖由外向内上方以肩为轴斜向弧形击出，同时左转腰成左半掩身（或一僚身）至体右侧前，肘尖向前，与胸部同高，拳位于右肩前方，如图3-159（b）所示。这种肘法是用肘部由外向内撞击对方的胸部。

（4）后撞肘。首先右肘半屈，握竖拳，拳眼向上、拳面向前，收肘于体右侧胸旁，如图3-160（a）所示。然后用肘尖向后偏上方以肩为轴弧形撞出，与胸部同高，肘尖向后，拳位于右侧身旁，与腹部同高，如图3-160（b）所示。这种肘法主要是用肘部向后撞击对方的胸腹部。

(5) 下撞肘。首先右肘半屈，举肘于体右侧前，肘尖向下，与肩部同高，握拳，拳眼向后、拳面向上，如图 3-161 (a) 所示。然后沉肩，左拧身成半掩身，同时用肘尖由上向下撞至体右侧前，与腰部同高，肘尖向下，前臂垂直，拳眼向后、拳面向上，如图 3-161 (b) 所示。这种肘法是用肘部向下撞击下抱的对方的背部或头部。

(a)　(b)　图 3-159　内撞肘

(a)　(b)　图 3-160　后撞肘

(a)　(b)　图 3-161　下撞肘

(6) 旋身撞肘。旋身撞肘分为前旋身撞肘和后旋身撞肘两种。前旋身撞肘的动作是右肘半屈，横臂于胸前，肘尖向右，握复拳于左胸前方，左掌心抵住右拳面，如图 3-162 (a) 所示；然后站左步，右旋身 270°成交叉步，面部转向前方，肘尖随身体水平旋转弧形撞出，肘尖向前方，与胸部同高，右拳位于右侧胸前，如图 3-162 (b) 所示。后旋身撞肘的动作是屈右肘，握复拳收于右侧胸旁，肘尖向后，如图 3-163 (a) 所示；然后站右步，左旋身 270°成交叉步，身转向原右侧方向，肘尖随身体的水平旋转而弧形撞出，肘尖向后，与胸部同高，右拳位于正胸前，如图 3-163 (b) 所示。这种肘法主要是利用旋身增加肘部的撞击力，撞击对方的胸背部。

(7) 内割肘。首先屈右肘，握竖拳收于右侧胸旁，肘尖向后，如图 3-164 (a) 所示。然后右拧腰，身体向左转，同时用肘部向内前方击出至原身前正中，与腹部同高，前臂垂直，拳与下巴同高，拳眼向右。拳面向上，如图 3-164 (b) 所示。这种肘法通常配合手法一起，来撞击对方的手臂。

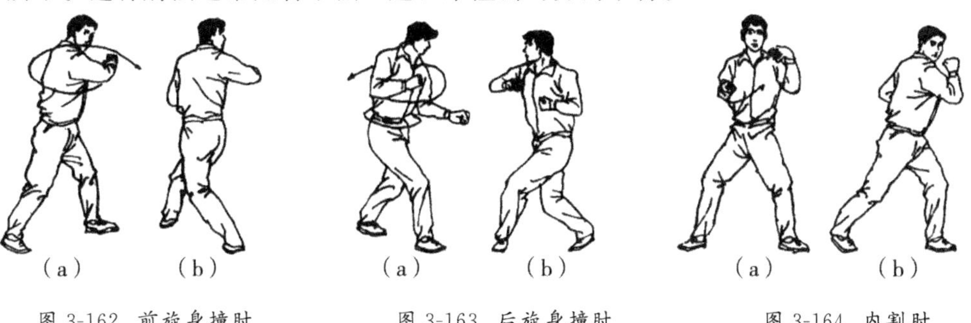

(a)　(b)　图 3-162　前旋身撞肘

(a)　(b)　图 3-163　后旋身撞肘

(a)　(b)　图 3-164　内割肘

2. 膝法（以右膝为例）

（1）上撞膝。以左脚直腿撑地，右脚绷踝提膝向上撞起，与腹部同高，如图3-165（a）和（b）所示。这种膝法主要是用膝部撞击对方的裆部或腹部。

（2）横撞膝。以左脚撑地直腿外摆，右脚绷踝屈膝提腿，内旋外摆，随身左转以右膝向内前方横向撞出至身体前方，屈膝，水平横腿于右侧胯前，膝盖向右，如图3-166（a）和（b）所示。这种膝法是用膝部横向撞击对方的腹肋部。

(a)　(b)　(a)　(b)

图3-165　上撞膝　　图3-166　横撞膝

据统计，五祖拳的拳术套路有42套、器械套路33套、拳法对练36套、器械对练31套，此外还有一整套完整的练气、练力、练胆、练势等练功方法。要想准确完成这些不同的套路，需要掌握上述基本技法。虽然这些动作非常简单，但是真实功夫之所在。如果没有扎实的基本功，那么也很难有所成就。因此，要严格按照这些基本动作的要求进行训练，透彻理解攻防含义和应用要领，从而为之后的灵活运用打下坚实的基础。

第四章　变幻莫测——宋江阵

第一节　宋江阵的源流探析

宋江阵又名套宋江，是明朝中叶以来，闽南沿海的泉州、漳州、厦门一带开始盛行的民俗体育活动。在福建，有关宋江阵的挖掘和整理最早见于1996年出版的《中国民族民间舞蹈集成·福建卷》，书中首次对宋江阵进行了较为完整的文字记录，并将其归类于民族民间舞蹈系列。

一、宋江阵的起源

宋江阵创于何时何地，正史上并没有记载，且相关数据不全，所以至今仍没有统一的说法。现在有关宋江阵的由来大致包括如下四种说法。第一种说法是源自《水浒传》，由宋江攻城的阵式发展而来。据传有人把《水浒传》的故事附会上去，设计出一种以阵式为主，个人为辅的武术活动。第二种说法是源自戚继光的“藤牌舞”或“鸳鸯阵”，这种说法由台湾学者蔡敏忠的研究小组在1995年左右提出。第三种说法是源自闽南民间社会的习武风俗。第四种说法是由少林武术结合闽南一带传统社会的宗族械斗发展而来。通过对现存宋江阵的反复观察可以发现，武术技击是宋江阵动作的核心，丰富的武术技击动作构成印证了宋江阵是由闽南民间社会习武风俗演变而来的观点。

二、宋江阵的分布区域与风格特点

宋江阵在闽南地区的流传区域主要是在厦门市的同安区和湖里区等，漳州市的芗城区、龙文区、龙海市、漳浦县、长泰县、平和县、南靖县、东山县等，以及泉州市的南安市、晋江市、永春县、石狮市等。当前，宋江阵在闽南地区主要依靠乡镇社区力量传承发展。除了在闽南地区广为流传，宋江阵也伴随着闽南人口的大规模迁居而传入台湾，在金门、屏东、高雄、云林和嘉义等地生根发芽。2012 年，由厦门申报的“厦金宋江阵”已被列为福建省第二批非物质文化遗产名录。

宋江阵的风格特点为阵式变化多端、整齐有序、威力强劲、紧密不松、易守易攻。拳种是以南方拳种为主，以太祖拳、五祖拳为代表，其动作特点为古朴阳刚、高马短技，步法稳固，手法多变，拳势激烈，讲究短打进攻、攻守兼备。

三、宋江阵的历史演变

（一）明朝时期

在明朝时期，由于宦官专政、朝政腐败，导致民不聊生、匪盗猖獗，日本海盗经常向我国沿海地区窜犯侵扰。闽南地区地处我国东南沿海，当时海防极为薄弱，更是倭寇登陆后首当其冲的掳掠之地，再加上为了争夺水源和土地等，族群之间经常发生械斗冲突，社会变得动荡不安。在这样的内忧外患下，闽南地区有志之士纷纷组织“护卫队”或“护村队”等自卫组织，集结村民们练功、习武、布阵，共同抵御外来入侵。将村民团结在一起，不仅可以对外抗暴，保一方平安，且演练时威武热烈的阵势也极具观赏性，可以为民俗节庆增添光彩。

（二）清朝时期

在清朝时期，阶级矛盾和民族矛盾交织，反清秘密会社在各地民间蔓延，有很多反清志士习拳练武，为反清复明积蓄武装力量。由于火器普遍运用到军事中，宋江阵这种纯武术的民间军事力量逐渐失去效用，在民间逐渐兴盛起来，成为广大群众反清抗暴、自卫身家的自卫武力形式，并且进入了多渠道和蓬勃发展的新阶段。当时清政府恐沿海人民反清复明，严禁民间聚众习武，因此宋江阵不得不改换面目，融入一定的表演成分，以节时庆典娱神示敬为明，排阵、舞狮以资娱乐，实际上则是暗中练武，保卫家园。虽然此时宋江阵的军事功能逐渐淡化，但仍是民间重要的自卫武力团练，具有较强的实用技击性。在清朝，宋江阵的强身健体、娱乐欣赏功能逐渐凸显出来。

（三）民国时期

民国时期军阀割据，政局动荡，战火连年，民不聊生，不同思潮开始激烈交锋，使得武术之风盛行起来。辛亥革命后，通过各界有识之士的倡导，中国传统武术以城市为中心得到了有效的发展与推广，并且在近代文化思潮的影响下，武术被纳入现代教育的范畴。这促使武术从价值观到运动锻炼思想、从教习到表演和竞赛方式，开始沿着科学化、规范化的方向演进。在民国时期，基本上每个城镇都有武术组织，闽南地区也不例外，村村有武馆，有武馆就有舞龙、舞狮，就排练宋江阵。人们认为习武布阵不仅可以强身健体，保护乡邻，还可以使民众精诚团结，一致对外抗暴。同时，在庙会节庆上作为巡游踩街的阵头，威武、热烈且极具观赏性，为民俗节庆增添很多光彩。宋江阵在不断的发展中融入《水浒传》、民间戏曲和武术表演的艺术表演形式，逐步形成了一定的固定表演阵势。在此时，宋江阵已经转变为强身健体的主要手段和庙会祭典、旧岁节庆时娱神娱人的民俗活动。

（四）中华人民共和国成立后

在中华人民共和国成立后，宋江阵的发展经历了三个阶段：第一个阶段（1949—1966 年）是宋江阵发展的兴盛阶段，第二个阶段（1966—1982 年）是宋江阵发展的没落阶段，第三个阶段（1982 年后）是宋江阵发展的复兴阶段。

1. 兴盛阶段

中华人民共和国成立后，我国体育发展也获得了新的生机，长期饱受战乱压抑的民间活动也得以复苏，各种民间传统体育活动像雨后春笋般出现，宋江阵也迅速恢复活力。例如，“湖山宋江阵”曾参与了厦门地区 1949 年新中国成立的文艺会演、1955 年厦门市民间体育表演大会和 1957 年“大跃进”等大型会演；“赵岗村宋江阵”在 1952 年代表厦门参加了福建文艺观摩会演，1958 年参加前线慰问三军将士的表演，受到了当地群众的热烈欢迎。宋江阵在此阶段之所以能够活跃发展，主要原因有三点。第一是宋江阵在民间产生，并传承已久，在迎神赛会、丰收节庆等庆典活动中经常表演，导致其在各村落中十分普及，拥有广泛的群众基础。第二是当时的中国还处于落后的农业社会，经济尚未发展，人民生活水平相对较低，休闲娱乐活动贫乏，只有在宗教活动、丰收节庆之时才有机会聚在一起热闹一番，所以在筹建民俗体育团体时得到了各村落的重视和村民的积极参与。第三是党和政府对宋江阵等民族传统体育非常重视，对多个民族传统体育进行了全面的挖掘、整理、继承和推广。

2. 没落阶段

在 1966—1982 年间，我国经历了长达十年的“文化大革命”。这十年中，不仅社会秩序、政治思想和经济建设领域遭受极其严重的破坏，武术运动也同样被作为“封资修”受到了严重的封杀和摧残。许多老武术工作者和专家学者受到了不同程度的打击和迫害，大量古老、有价值的拳谱资料被作为“封资修的毒草”而毁掉，一些武术器械也被收缴或损坏。而深受闽南人民喜爱的宋江阵未能幸免，受到武馆关闭、文献资料和器械被毁坏和拳师离世的影响，宋江阵遭到了重创，几乎停滞。

3. 复兴阶段

随着工业文明的迅速发展和全球经济一体化的大趋势，我国逐渐形成了强势文化对弱势边缘文化的侵蚀，导致许多民族民间传统文化急剧消亡。面对如此严峻的现实，国内外均给予了高度关注。随着2001年《世界文化多样性宣言》和2003年《保护非物质文化遗产公约》的形成，我国也于2003年制定了《中华人民共和国民族民间传统文化保护法》(草稿)，并成立了“中国民间文化遗产抢救工程”工作委员会和“中国民族民间文化保护工程”国家中心。而福建省也在2004年9月第十届人大常委会第八次会议通过了《福建省民族民间文化保护条例》，为保护和管理民族民间文化提供了法律保障。至此，一个以抢救民间文化为主题的工程在祖国大地上开展起来。宋江阵作为闽南民间艺术的代表之一也在这次文化抢救保卫战中得到了重生与复兴。近年来，闽南地区的宋江阵数次在重大民俗活动中崭露头角，受到了各界的广泛好评。

四、宋江阵的种类

按照宋江阵的不同装束可以分成化妆和不化妆两种，即水浒宋江阵和一般宋江阵。水浒宋江阵指的是化妆且穿戴假戏服进行表演，一般宋江阵则不化妆、不统一穿戴进行表演。按照组成人数的不同，宋江阵可分为24人阵、36人阵、72人阵和108人阵。其中，36人阵扮演的是三十六天罡星的角色，72人阵扮演七十二地煞星；108人阵则代表三十六天罡星与七十二地煞星，寓意梁山108条好汉。现在，由于农村人口大量外流和练习人群较少等缘故，组成72人阵或108人阵已不多见，主要是以24人阵和36人阵为主。按照参加的人员不同，宋江阵又可以分为男宋江阵、男女混合宋江阵和儿童宋江阵。早期宋江阵的禁忌比较多，女子不能参与摆阵，但是随着社会的发展，男女混合宋江阵开始出现。儿童宋江阵一般以各武馆居多，多是武馆中从小习武的儿童参加摆阵。

宋江阵是闽南地区传统民俗文化中独具特色的一种民俗体育活动，它是一种以武术为载体，有阵法为演练模式的民俗传统体育活动。它不仅蕴含了丰厚的社会文化价值，而且具有重要的锻炼功能。由于受到全球化和现代化的影响，宋江阵的生存环境急剧变化，需要采取有效措施进行保护和传承，这样才能让其真实、完整地进行传承和发展。

第二节　宋江阵的活动程式与道具

宋江阵与闽南地区民风民俗相互依存，相得益彰。特定的地理环境为其提供了缘起、传承与发展的养分，而宋江阵又以非语言文字的身体动作符号作为载体，表达并保存所反映出来的独特地方文化内涵。宋江阵的完整程式包括启馆、出阵和行阵三大部分。其中，启馆、出阵以预备和仪式性的活动为主，行阵则是整个活动的核心。

一、宋江阵的活动程式

（一）启馆与出阵

启馆与出阵是仪式和象征性的内容，具有严肃的宗教性仪式内容和文化意蕴。但令人遗憾的是，现存的宋江阵多省去这两大部分的内容。

1. 启馆

启馆的主要内容是到当地的家庙或祭祀场所举行祭拜祈福仪式，确定出阵的规模、阵式内容、行阵的具体日期和时辰等。在启馆当天傍晚，由负责人通过敲锣打鼓的方式将所有的队员聚集在一起，到指定地点共同吃“齐心饭”，意为大家在吃了这顿饭后，在表演过程中应该齐心协力。饭后，队员纷纷在兵器上贴上“平安符”，以祈求平安。

2. 出阵

在确定阵式规模和内容后，在家庙或祭祀场所排兵列阵，整装待发。出阵规模一般要根据参加的展演级别而有所区别，阵式人数越多规格越高，一般有36人阵、72人阵和108人阵等。但也有以108人为大忌的，主要是受梁山泊108好汉的悲惨结局影响。108人阵属于较高规格的正式展演，有忌讳108人的地方往往会特意少出1人或多出1人。

（二）行阵

行阵是宋江阵的主要内容，现存宋江阵大多数都只剩下行阵部分。行阵指的是宋江阵集体进行队形和布阵列兵形式的变化演练。在行阵前，需要先将一块布与竹竿制成的屏门置于场侧，代表寨门和城堡门。行阵表演从冲出寨门到攻入寨门有多重阵形变化，表示坚守村寨的决心和凯旋收复城堡的喜庆。除此以外，还有表演“穿针”、“内外环”、“棉线拗”、“长蛇阵”和“环螺阵”等各式兵阵。

1. 行阵的展演过程

宋江阵的行阵表演过程包括布阵、行礼、开场、摆阵、单人表演、对打表演、舞雄狮、四面打盾、杀狮和收城等内容。不同地方的表演过程会有一些差别，主要是各地根据队员条件、表演场合和习俗等做的一些调整。例如，厦门多以行礼开始，没有布阵环节，而泉州则非常注重布阵环节等。但在整体上都是要经过开场、摆阵、个人演练、集体对练和收城等环节。以泉州安溪县湖上乡铜锣庙宋江阵为例，表演从布阵开始，表演队伍先列纵队，队伍最前面是总旗手李达，由他扛着宋江旗，队伍最后一个是宋江。列队内分为 8 队，按 8 个阵头行军布阵，分随黄、绿、红、蓝、橙、靛、紫、黑旗进退。第一队是黄旗，有队员呼延灼、韩滔、彭玘、黄信及兵将若干；第二队是绿旗，有队员林冲、马麟、邓飞、花荣及兵将若干；第三队是红旗，有队员吴用、宣赞、郝思文、孙立及兵将若干；第四队是蓝旗，有队员杨志、秦明、欧鹏、燕顺及兵将若干；第五队是橙旗，有队员穆宏、杜兴、郑天寿、武松及兵将若干；第六队是靛旗，有队员李逵、李立、曹正及兵将若干；第七队是紫旗，有队员雷横、施恩、穆春、裴宣及兵将若干；第八队是黑旗，有队员樊瑞、项充、李衮、鲁智深及兵将若干。行礼开始后便进行阵式表演，第一个阵头是打圆圈，全体人员绕着场地奔跑，围成一个大圆圈；第二个阵头是内脱，由外向内卷入，每到转角需跳步；第三个阵头是外脱，由内向外卷出，每到转角需跳步；第四个阵头是列队，烧香走，前旗排第三个，到佛坛前行三叩头；第五个阵头是打圆、走田螺旋；第六个阵头是分阵，整合后一分为二，跳步分队；第七个阵头是两队走阵，有剪刀破、穿针鼻，2 穿过 1 后，4 穿过 3 后，以此类推；第八个阵头是打圆圈、出功夫，打成圆圈后在内八仙对阵。之后便是单人演练、双人对打、混合对打。对练一般是林冲战智深、李逵战武松、孙二娘战顾大嫂、杨志战史进。对阵后随着鼓声的指挥，最后再排队列成一字形行进凯旋收场，表演结束。整个行阵表演气氛热烈，看似混乱实则有条不紊，令人眼花缭乱，目不暇接。

2. 行阵的主要阵式

不同的宋江阵队伍，行阵展演的阵式通常会有所区别，分别体现着自己的风格特色、严密程度和整体水平。宋江阵的阵式排列一般要求步伐整齐一致，气势威猛迅速，配合精巧默契。闽南地区常见的阵式包括黄蜂出巢、交阵、面线拗、穿针、内外环、打万字、水波痕、环螺圈、刀枪巷、绞剪拐、连环阵、龙摆尾、卷炮心、八卦阵、水蛇阵、蝴蝶阵、双龙出水阵、螺旋阵、蜈蚣阵、一字长蛇阵等近 20 种。整个行阵展演一般要 1 小时左右。其中，阵式表演是最关键部分，占一半左右的时间。参与队员在乐器鼓声的伴奏下或快或慢、时紧时松，具有非常好的身体锻炼和娱乐效果。

二、宋江阵的道具

（一）兵器

宋江阵演练时，每人手中皆持有道具，一般被称为兵器或武器。一般说来，兵器泛指的是作战时所用的武器。但是在宋江阵表演中，所持的兵器有一些是战场上无法杀敌作战的武器，而是农忙时用的农具，像锄头、扁担、月牙铲、杈、齐眉棍、刀、斧等，以及板凳和雨伞等戏剧化道具。由于不少兵器来源于生活中随手可得的器材，所以宋江阵的演练也被认为是生活的缩影，而所用的道具也被称为家私，这样显得更加贴切。早期宋江阵表演中的兵器主要包括春秋大刀、齐眉棍、双锤、双斧、双刀、丈二大槌、钩镰枪等梁山好汉常用的兵器。随着社会的不断发展，现在宋江阵表演所持的兵器不像过去那样完整，只有叫得出名号者所持的兵器相对固定。阵中容许有数把相同兵器，其中齐眉棍的数量为最多。此外，还包括其他生产生活工具。在闽南地区，尤其是漳州和泉州地区的宋江阵在排演前还有在兵器上粘贴“平安符”等传统仪式，以防失手伤人或伤到自己，保佑每次排阵平安顺利。下面简单介绍主要角色所用的兵器。

1. 头旗

头旗是宋江阵的总指挥旗，由担任宋江角色的成员持有，是阵中所有兵器中的领导指挥中心，其作用是激发全阵的气势。阵中所有队员都要跟随头旗的指挥统一行动。在进攻阵式中，头旗需要位于中央，避免被敌人包围时被夺而影响全阵士气。因此，持头旗者必须反应灵敏，武艺高强，具有领导能力。

2. 双斧

双斧是黑旋风李逵所持兵器。双斧的位置在头旗旁边，其主要功能是保护头旗。因此，持双斧者必须胆识过人，武艺精湛，身材短小精悍。

3. 大刀

大刀的形状与关公所持的刀相同，所以也被称为关刀。大刀的刀头宽、短且重，呈弯月形，中部缀有红缨，木柄较长。

4. 朴刀

朴刀全长60～150厘米，刀刃长度在45～70厘米之间，刀刃的比例较大。

5. 蛇矛枪

矛头长二尺余，扁平，如弯曲的蛇身，两面有刃。

6. 斩马刀

斩马刀的刀身细长，刀头向内弯曲，用于攻击对方腰部。

7. 丈二棍

丈二棍是长为360厘米的细棍。由于长度非常长，所以很难操控，只有功底深厚者才可以使用。

8. 钩镰枪

钩镰枪形状像镰刀，其作用是钩住对方的战船。

9. 托天叉

造型酷似翻叉稻草的农具。

10. 齐眉棍

在武术中，棍是代表性兵器。齐眉棍是兼具攻击和防御的武器，其功能是保护头旗。齐眉棍的持有者有武松、燕青等角色。在宋江阵的演练中，齐眉棍使用的数量最多，如没有特殊角色扮演的成员大多数都使用齐眉棍。

11. 藤牌与短刀

藤牌即为“盾”，是用山藤编制而成，直径二尺三寸，呈圆笠状，是一种重要的防御型兵器，通常悬挂于反手以保护自己的身体。这种兵器比木盾更加实用，这是因为藤牌比较轻巧、灵活，表面光滑，足以应付敌人刀、枪、弓箭等攻击。在左手持藤牌的同时，右手持短刀，主要用来攻击敌人的下半身。

12. 伞

伞既可以防雨，还兼具攻防作用。

（二）乐器与谢篮

宋江阵的道具除了兵器外，还有伴奏乐器和谢篮。其中，伴奏乐器以鼓、锣、钹为主，在队伍前方担任伴奏之职，用来调整阵中成员的动作和振奋气势。需要根据不同的阵式来给予不同的节奏，或因动作而击鼓，或听鼓声后再动作，两者之间相互配合，将阵式淋漓尽致地展现出来。在不同地方，使用的鼓也有所区别，包括宋江鼓和狮鼓。宋江鼓小而圆，一面中空，置于鼓架上扎于胸前，方便队伍游行，鼓声高亢。狮鼓的体积较大，双面皆有鼓皮，置于有轮的推车上行走，鼓声比较低沉。

谢篮是用来置放“香炉”和“金纸”的。在宋江阵表演时，兵器需要过“熏香”。据说，这样可以避邪，防止表演时伤人。“金纸”通常是排“八卦阵”或路过不平安地段驱邪时所用的。而有些团体的谢篮则是用来放置表演所获的红包赏金。在游行时由执事者以丈二挂谢篮跟在队伍的最后面，作为压阵。

在宋江阵的整个表演过程中，队形变化具有“圆”和“游”的特征，无论是从动作的发起到过渡，还是从流动的线条到静态的造型，都表现出一种从内到外的划圆，以起承转合的方式运动。通过不断变化卷炮心、绞剪拐和蜈蚣阵等队形，形成千变万化的流动与造型性图案，极具舞蹈艺术的画面感，使整个队形画面起到引人入胜的效果。

第三节　宋江阵的价值分析

吴腾达先生在提到宋江阵所具有的功能价值时，认为其具有驱邪保安、团结乡民、健康身心和文化传承四个功能。但是，随着社会的不断发展，每一种文化均呈现出动态式的发展趋势，宋江阵作为闽南地区民间传统文化的一朵艺术奇葩，也从传统走向当代，除了具有传统功能外，还被赋予了新的社会文化价值，具有独特的魅力。

一、宋江阵的健身价值

宋江阵是一种以武术和步战阵法相结合的武术集体演练形式。在演练过程中的跑、跳、腾、跃、打、敲、扛等基本动作、徒手与器械的单练武术套路、对打及阵形变化等，均可以通过各自特有的运动特点和方法，来提高人体速度、力量、灵敏度、耐力、协调性和柔韧性等身体素质，尤其是传统武术在锻炼中还讲究调息行气和意念活动，可以理脏腑、通经脉、养气血、调精神，有助于培养人体的元气和正气，改善人体内在各系统和器官的功能，可以起到祛病健身、延年益寿的作用。此外，宋江阵是一个集体项目，可以在切磋武艺的同时增进友谊，促进团结协作，帮助形成积极向上、乐观开朗的世界观和人生观，培养良好的人际关系和坚强的意志品质。由此可以看出，宋江阵对练习者的身心健康和身体素质发展均具有较强的实用性。

二、宋江阵的娱乐价值

宋江阵不仅具有健身作用，而且还可以满足人们的精神生活需要，其娱乐功能显得尤为突出。宋江阵是闽南人民在民族传统节庆或迎神庙会活动中，较为常见的充满民族文化气息的大型武术团体表演形式。在震耳欲聋的锣鼓声中，大旗卷地而起，浑天挥舞，大有“横扫千军如卷席”之势；李逵挥着双斧，刚健有力，迅猛异常。众多好汉纷纷上阵，各显神通，非常壮观。表演者激情豪放的情绪和变化多端的阵式表演，营造出一个非常热闹的节日氛围，动作、情绪与锣鼓声交织一片，让人们找到一种心灵的共鸣和互动，同时也感受到人生的踏实和亲切。宋江阵一直以来其喜庆娱乐的形式和符合民众审美心理的内容丰富着人们的生活，具有极高的娱乐价值。此外，宋江阵伴随着具有鲜明特色的锣鼓乐，进行多种阵式队形变化，再加上单练、对打和舞狮等，在整个互动过程中精彩纷呈，激情高昂，不仅使参与者精神振奋，同时也使他们在参与过程中实现个性的觉醒，帮助他们调节疲劳，放松紧张的心情，带来身心的愉悦。

三、宋江阵的教育价值

教育是一种社会实践活动，是承载社会文化、传递生产经验和社会生活的基本途径。体育作为人类教育的重要组成部分之一，在历史发展过程中同样发挥着积极、重要的作用。人类早期教育就是通过游戏、舞蹈等身体活动的方式来传授知识，它具有早期启蒙的作用。宋江阵的教育功能主要表现在以下三个方面。第一，宋江阵作为一种民间集体武术活动，在发展过程中深受中华传统文化影响，继承和发扬了中华民族重礼仪、讲道德的优秀传统。正所谓“习武以德为先”，在宋江阵的习练过程中也非常重视德育培养，尚武崇德的精神有助于培养练习者尊师重道、讲礼守信、宽以待人和严于律己等良好的心理素质和道德情操。同时，宋江阵的练习过程还可以培养练习者坚忍不拔、自强不息的意志品质，有助于练习者修身养性，促进其身心全面发展。第二，宋江阵的套路、阵式、仪式、服装、音乐等均具有浓郁的民族特色，其所秉持的“忠义两全”等精神内容也充分展示闽南的精神文化内涵，通过练习宋江阵，可以使人们充分体会和了解闽南文化，并将民族传统文化进行继承与发扬。第三，通过参加宋江阵可以培养人们团结协作的集体主义精神，增加民族自信心和自豪感，还可以促进民族文化交流，增强民族凝聚力。

四、宋江阵的经济价值

宋江阵在经济上的价值是间接的、潜在的，主要表现在下面两个方面。第一个方面是现在亚健康人群的增长和健康观念逐步加深，宋江阵的健身修心效果具有巨大的潜在经济效能；第二个方面是可以利用宋江阵所具有的浓郁民族文化特色和运动特点，在组织宣传宋江阵的同时，开展相关经贸活动。当前文化搭台、经贸唱戏等集文化、经贸于一体的活动在全国都非常引人注目。不仅可以让各国人民了解宋江阵的独特魅力，同时也可以使中华文化在世界范围内得到进一步弘扬和推广。此外，还可以吸引很多海外游客，为当地带来大量的经济效益和投资项目。宋江阵本身所具有的浓郁的民族文化特色，无论是与“人文旅游”相结合，还是相关图书、音像、器材、服装、年会、交流大会、竞赛等附属产业的开发和运营，都可以产生可观的经济效益。同时，海峡西岸经济区的建立使闽南地区的优势显现出来，闽南宋江阵等民族传统体育产业的发展拥有了一个良好的内外环境，促使宋江阵产业能够在整体服务和竞争水平较高的大环境下健康有序地发展。文化属于精神文明的范畴，经济属于物质文明的范畴，二者互相渗透、相辅相成，才可以进一步拓宽宋江阵的社会效应和经济功能。

五、宋江阵的社会价值

（一）具有浓郁的地域文化特色

宋江阵是源于福建闽南一带的民间传统的武术运动。在长期流传过程中，形成了以太祖拳和五祖拳为主的技术流派，动作以古朴阳刚、步法稳固、手法多变、拳势激烈、讲究短打进攻、攻守兼备等著称，并融入闽南人英勇刚烈、尚武重义的性格，表现出勇猛彪悍、刚劲激昂、气势磅礴的独特风格。宋江阵作为闽南文化的载体，无论是音乐、拳种还是阵式，都将当地民间的独特韵味和风格特点保留下来，甚至在兵器上也有着浓郁的地方特色。例如藤牌是一种具有闽南特色的古代重要防御型兵器，采用闽南当地山藤编制而成，为圆笠状，曾在郑成功与清兵对抗时，发挥出重要作用。

（二）社会稳定、安定民心、团结乡里

宋江阵来源于民间，盛行在农村，是在人们生产生活中形成和发展起来的，因其历史悠久，内容丰富，气势宏伟，振奋人心，并能寓健身于娱乐之中，所以深受农民的喜爱和推崇，具有广泛的群众基础。现阶段人民健身意识不强，身体健康水平也不算太高，通过开展宋江阵活动不仅有助于增强体魄，愉悦身心，密切人际关系，同时也可以丰富人民的文化生活，提高生活质量，加速精神文明建设，促进社会的稳定与发展。此外，宋江阵还可以让人们更好地感受到群体凝聚在一起的巨大力量，帮助产生一种归附群体的情感，通过在合作中相互理解、彼此帮助、消除隔阂，有利于族群和社会的稳定。

宋江阵所具有的每一种价值都不是孤立存在的，而是相互交融、相辅相成的。通过练习宋江阵，有助于进一步了解闽南地区的文化特点。在当代社会中，

宋江阵的健身价值、娱乐价值、教育价值、经济价值和社会价值日益凸显，作为闽南地区一项重要的非物质文化遗产，应该对其进行艺术与文化的双重保护与传承，这样才能将其所蕴含的传统文化内涵与价值充分展现出来。

第五章　鼓舞飞扬——大鼓凉伞

第一节　大鼓凉伞的起源与发展

大鼓凉伞是闽南民间一种具有欢快、粗犷、热烈等特色的民间舞蹈，也是一种民间体育运动，流传于漳州龙海地区，具有鲜明的体育表演艺术特征，同时具有娱神、祭祀祖先、赞扬英雄等深邃的文化内涵。大鼓凉伞的舞蹈形式变化多样，舞姿优美动人，具有强烈的艺术感染力，深受广大群众的喜爱，是纪念节日习俗中的民俗体育部分。2009 年，大鼓凉伞被授予第三批省级非物质文化遗产项目。

一、大鼓凉伞的起源

大鼓凉伞起源于何时，尚未见史籍明证，也未能在文人墨客的诗词歌赋中找到蛛丝马迹。它的起源在民间有以下两种说法。

第一种说法是起源于明代戚继光抗倭。相传在明嘉靖至万历年间，我国沿海浙江、福建、广东一带，常遭倭寇侵犯，戚继光将军鉴于朝廷腐败，士兵孱弱，便四处打鼓招兵，组织军队抗击倭寇。在与敌人交战时，也会擂鼓助威，鼓舞士气。在倭寇平息之后，当地百姓以“打鼓跳鼓”的形式向戚家军表示祝贺和慰问。戚继光看到人们兴致勃勃地在太阳下打鼓、跳鼓跳得满头大汗，心中非常感动，便命令士兵撑起凉伞，为鼓手们遮阴。随着队伍的走动，鼓手边走边打，撑伞的战士也不约而同地随着节拍舞动，形成了一人打鼓、一人撑伞、边走边打、边跳边撑的舞蹈场面。之后，人们为了纪念戚继光抗倭的功绩，每逢节日都会跳起大鼓凉伞来纪念。

第二种说法是起源于陈元光父子带来的“中军乐吹”。《云霄县志》记载：“唐高宗总章二年（669年），泉、潮间蛮獠啸乱。”高宗为“靖边防”，命河南固始人王钤卫翊府左郎将、归德将军陈政为朝仪大夫，岭南行总管，于当年“挂新铸印符，率府兵三千六百名将士，自（副将）许天正以下一百二十三员，从其号令，前往七闽百粤交界绥安县地方。陈元光所率领的这批军队有三千多人，五十八姓，统治这一地区后，于垂拱二年（686年）设置漳州郡治，变七闽为八闽。从此漳北泉南就变成了“民（汉）獠（畲）杂处”之地。经过陈氏家族及其部族近百年的经营与开发，漳北泉南一带经济开始发展，移民与土著居民感情融洽，且民、獠俚歌声靡曼。之前“荒榛如是，几疑非人所居”的闽南，呈现出“花卉三冬绿，嘉禾两度新”的繁荣景象。

从上面两种传说和擂鼓、咬鼓、绕鼓等表现形式，均说明大鼓凉伞与古代战争有着密切的关系。

二、大鼓凉伞的发展

（一）兴盛期

20世纪50年代末至60年代初期是大鼓凉伞发展的兴盛时期，这一时期各地生产大队开始兴办农村俱乐部，文艺演唱队和大鼓凉伞队等民间文艺活动队伍也纷纷出现。据不完全统计，在当时，漳州地区有大鼓凉伞表演队伍100多支，表演人员2000多名。

（二）停滞期

在中华人民共和国成立初期，由于受到极“左”思想的影响，民间的传统文化与舞蹈受到了重大的影响，很多民间舞蹈和民间活动都受到抑制。在“文化大革命”期间，对文化和教育事业实行打压政策，导致民间传统文化和舞蹈的发展停滞不前，大鼓凉伞也被作为封建迷信的产物而禁锢。由于伞折鼓毁，大鼓凉伞销声匿迹。

（三）转型期

1978年，在北京举行中国共产党第十一届中央委员会第三次会议吹来了改革的春风，党和国家更加重视民族传统文化的发展。以表演大型传统民间舞蹈为主的广场民俗活动广泛兴起，不仅使原有的传统民间舞蹈得以大力恢复和发展，而且还挖掘、整理出一批新的传统民间舞蹈。在此情况下，一些地方开始恢复和重新组织大鼓凉伞队，在一些节庆日子，农村庙会和企业工厂开业时出阵，但此时大鼓凉伞已经逐渐失去其原有的表演艺术元素，只是起到排阵势、造声势的作用，并不能够引起观众的共鸣，导致其生命力岌岌可危。因此，在这一时期，有很多民间文艺工作者开始积极想办法来振兴大鼓凉伞，在保持原有粗犷豪迈、气势恢宏基调的基础上，对大鼓凉伞进行创新。在角色方面，将之前的老头、老太婆换成妙龄少女；在表演人数上，由原来的一鼓一伞发展为多鼓多伞，将其他伴舞换成一男子敲打一面大鼓，两边各一个敲锣打钹的。

（四）发展壮大期

在 20 世纪 90 年代，我国社会进入了从传统型向现代型的转变期。随着社会转型的加速，传统民间舞蹈也在不断变迁。一些不能适应时代、社会的传统民间舞蹈被逐步替代。与此同时，闽南沿海地区的经济发展较好，农民的收入和生活水平有了很大提高，使得民间文化活动可以获得更多的支持。大鼓凉伞也通过创新、发展和不断变化，适应了时代发展与社会变化，并不断发展壮大。

（五）成熟发展期

进入 21 世纪后，人们的思维方式和生活方式发生了巨大变化，很多新的娱乐方式也在不断冲击着传统文化艺术。在此严峻的形势下，很多文艺工作者和前辈们共同对大鼓凉伞进行改革和创新，使其可以与时代和社会同步。在表演方面，通过在斗鼓、翻鼓、擂鼓、咬鼓和迭鼓中融入舞蹈动作，使得艺术性、舞蹈性和趣味性得到提高；在队形方面，新的观山式静止、莲花转和二龙吐息等造型既有气魄又优美，使得构图动静结合，变化丰富起来；在音乐方面，由原来依鼓声动作变为增加音乐伴奏，演员不仅需要做好粗犷豪放的动作和优美雅致的姿态，还需要随着音乐的强弱变化来完整地体现舞蹈。此外，表演者的服饰搭配和鼓伞的创意装饰，也在经过不断改进后变得更具美感。

大鼓凉伞深深扎根于闽南丰厚的地域文化中，随着时代的不断变迁而不断发展和壮大，将闽南人特有的文化性格和民俗风貌很好地传承下来。虽然社会转型、经济和文化发展给大鼓凉伞带来很大冲击，但也促进了其为了适应时代变迁而不断进行创新和发展，使得这项民俗体育活动可以紧跟社会发展步伐，适应人们的欣赏需求，从而更好地发扬光大。

第二节 大鼓凉伞的特征与文化价值分析

大鼓凉伞是流行于漳州地区最具代表性的民间舞蹈，具有鲜明的艺术特征、突出的地域风格和深邃的文化内涵，是漳州民间艺术的瑰宝。其舞蹈形态特征具有鲜明性、包容性和变通性。其中，鲜明性与包容性加强了大鼓凉伞的变通性生态基因，使其涵盖较多的表意内容，并以多种审美方式体现。此外，大鼓凉伞还吸收了我国传统民俗文化的共性特征，具有独特的文化价值。在传统艺术被现代文明逐步吞噬的今天，大鼓凉伞之所以能够不断调整、适应社会，成为扎根民间的一种艺术形式，正是由于其自身所具备的特征与文化价值。

一、大鼓凉伞的特征

大鼓凉伞的基本动作包括绕鼓、咬鼓、擂鼓、大小门、穿花、自转、对跳、金鸡独立、莲花转、龙吐须、翻车轮等，舞蹈程式以双人交错对舞为主，不仅动作简单，还具有很强的观赏性。下面将简单论述大鼓凉伞的舞蹈特征和音乐特征。

（一）大鼓凉伞的舞蹈特征

1. 大鼓凉伞的形态特征

(1) 具有“鼓稳伞飘，男悍女媚”的和谐之美。大鼓凉伞鼓手的体态特征可以用稳、撑二字来概括。稳指的是稳当，给人一种坚忍、刚强的感觉；撑指的是动作向外撑开。由于鼓手胸前背的大鼓重量较重，且占据肢体的位置较大，形成了一种上身重、平稳的体态。鼓手的脚下动作讲究稳当，身体要随着脚步左右摇摆，手臂挥槌时强调手臂动作由大臂带动向外撑开，双臂的运动路线呈上下竖直线运动，从而展示出一种稳中带撑、憨直质朴、剽悍刚毅的性格。伞娘的主要动作是双手捻转凉伞，使伞飘舞飞旋，所以需要配合四方步、左右垫步等轻盈的舞步。脚下带有弹性的膝部微颤，带动身段的左右旁腰留胯微扭，可以使双手自然、顺溜地捻转凉伞，并且还带有一种轻柔和媚态。伞娘的体态可以用柔、媚二字概括，与鼓手的坚实、沉稳形成鲜明对比，却充满着和谐。

(2) 具有“鲜明多变，传情达意”的舞步风格。大鼓凉伞的基本步伐是以“走”步为主，并穿插扭、跳、跑等舞步。鼓手“走”类舞步包括击鼓平步、平步接换位转身步、平步四进四退步、横移步和转身横移等，这类舞步的脚下动作幅度不大，可以表现出稳重、健壮、大方、开朗、淳朴和豪爽。此外，传统的“走”类舞步还包括矮子步、蹲踢步和跛脚行等，可以表现出风趣、幽默、滑稽和诙谐。四方步、左右拧身垫步等属于“扭”类的舞步，给人一种摇摆之感，可以表现出鼓手的潇洒和伞娘的细腻；横搓跳步、骑马蹲裆跳、前勾脚跳、后吸腿跳、车畚斗（翻跟头）、虎跳（侧手翻）等属于“跳”类的舞步，这类舞步大起大伏，大扔大摺，可以表现出奔腾、火爆、跳荡的情感；跑场、跑跳步、花梆步等属于“跑”类的舞步，这类舞步可以表现出欢快、热烈的情感。由此可以看出，大鼓凉伞的步伐具有鲜明、复杂、多变的特征。

（3）“击鼓捻伞，对舞造型”的舞风亮点。鼓手的金鸡独立展翅、弓步击鼓和骑马蹲裆击鼓等典型舞姿造型，将鼓手鲜明的“稳、撑、拔”动律特点充分展示出来，如图 5-1 所示；伞娘的直立捻伞、前虚步捻伞、后吸腿捻伞和踏步捻伞等典型舞姿造型，也显示出伞娘的柔美律动舞姿，如图 5-2 所示。大鼓凉伞的主题动作是鼓手和伞娘的双人对舞动作，这也是大鼓凉伞舞蹈的精华。双人舞的舞姿造型十分讲究，伞娘的动作柔中带俏，与鼓手的阳刚形成互补；动律的动静搭配和姿态的高低错落也形成一种对比，展现出一种和谐的舞风亮点。

（a）金鸡独立展翅　（b）弓步击鼓　（c）马步蹲裆

图 5-1　鼓手的典型舞姿造型

（a）直立捻伞　（b）前虚步捻伞　（c）后吸腿捻伞　（d）踏步捻伞

图 5-2　伞娘的典型舞姿造型

2. 大鼓凉伞的舞蹈构图特征

就表演动态来说，大鼓凉伞分为两种类型，一种是游街，一种是团场。游街是为迎神赛会踩街巡游做行进式的表演。表演者迈着简单的舞步走街串巷，给人一种喜庆的氛围。通常情况下，鼓手在左，伞娘在右，整齐地边走边弄大鼓和捻凉伞；锣手在其前面、中间或旁边击锣指挥；而打扇的“老家婆子”和挑担的“老阿伯”则是穿插其中，做一些简单的逗趣动作。团场指的是在游街之后，舞者选择一块空地绕大场表演，或是在“庙前埕”表演。需要注意的是，乡村和城镇的表演具有一定的区别。

乡村娱神表演队的庙前表演淳朴自然，有固定的“打四门”表演程式。一般一阵有八人，分别是一鼓一伞四锣二丑式，舞者面向庙宇，具有“舞给神灵看”之意。一鼓一伞在“庙前埕”中央面对而立，打鼓的人面向“庵庙”，捻伞的人背向“庵庙”，四锣分别站在四个角落打锣指挥。一鼓一伞分别按南—西—北—东—南的顺序，依次向右 90°转向进行表演，最后再转回正对“庵庙”的南方表演，共舞五遍，如图 5-3 所示。每个方向的表演动作一致，均为三进三退、鼓伞弓步对看的舞步。二丑则是随机穿插其中表演。整个表演场图虽然简单，但是非常讲究严格的古朴格调，具有古老的仪式性。

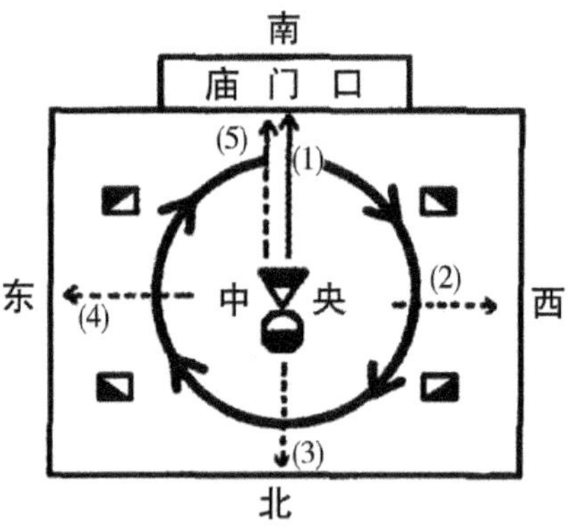

图 5-3 “打四门”场图

与乡村的表演相比，城镇的表演舞步相对比较花哨，表演构图在面向朝南神灵方位为始终的前提下，讲究“场图”花样。其中，比较常见的场图包括龙吐须、方阵扩散、四圆齐转、观山式静止、斗鼓轮转、穿花缝、莲花转、龙摆尾和双圆对穿等构图变化，如图 5-4 所示。整个行进场图通过流动与凝聚、分散与集中、高与低、前与后、左与右的复线交叉移动，表现出雄伟、壮观的场面，给人一种炽热活泼、气势磅礴之感。

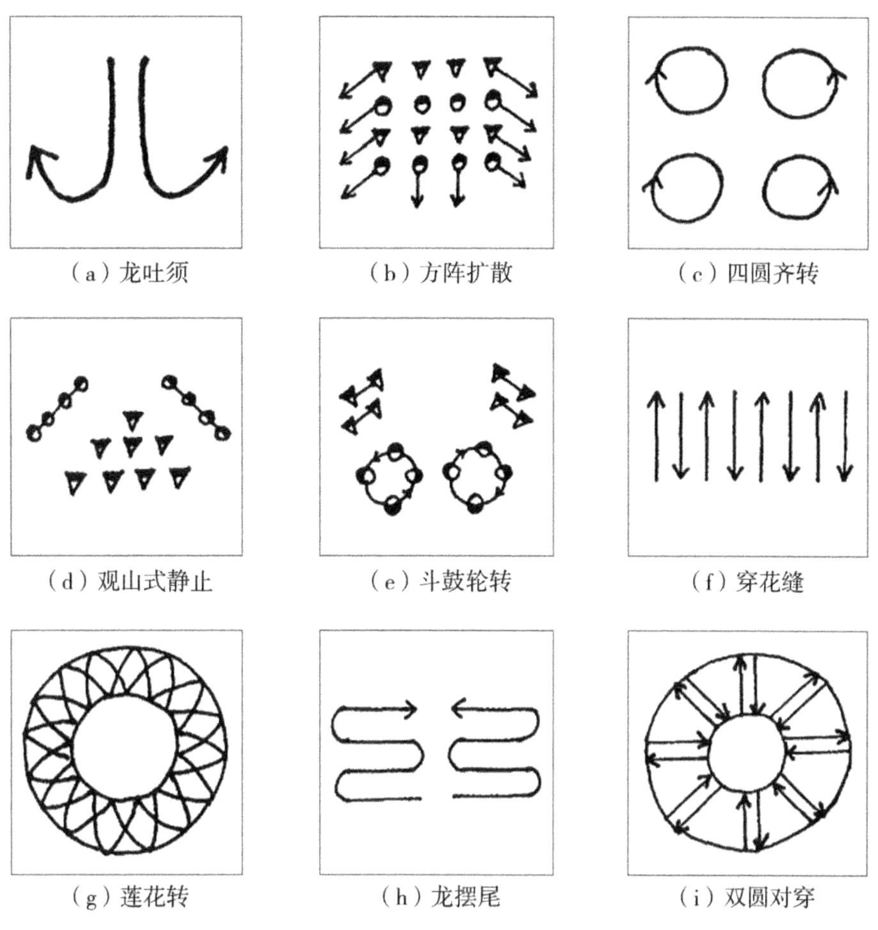

图 5-4　城镇大鼓凉伞团场表演场图

3. 大鼓凉伞的审美表意功能

我国艺术研究所资华筠教授说过："一个舞种的舞蹈语言（系统），并非单纯的外部形态特征，而是与其审美表意功能结合后确立的概念。"大鼓凉伞的审美表意功能可以大致归纳为敬神娱神的精神寄托功能、审美对象的艺术享受功能、强身健体的身心健康功能和族群凝聚、青年交流的沟通功能四个方面。

（1）敬神娱神的精神寄托功能。从内容上看，大鼓凉伞具有娱神、祭祖、颂扬英雄和表现生活等内涵，但是经过舞蹈化的内容，更多地显示出其娱神的文化功能。鼓的产生与先民对自然现象的崇拜和巫术观念有关，人们把天上雷霆的轰鸣、春天气候的温润、万物生长的动态和音声等，都融合于"鼓"这一实物与概念之中，认为鼓具有非凡的神力，鼓声像雷声一样可以引来雨水，滋润农作物生长。因此，鼓舞通常用于各种祭祀、军事、劳作等活动中。大鼓凉伞的鼓舞同样也具有敬神娱神功能，是古俗遗风的延伸、发展，同时也是人们表达情感和意愿的一种媒介。凉伞有两种寓意，第一种寓意被认为是保护神的象征；第二种寓意则与福建闽南多雨、夏长冬短的气候环境密切相关，在雨量充沛、阳光充足的闽南地区，伞可以遮阳、避雨。所以引申为“庇护”之意。伞舞也具有保佑风调雨顺、平安生活的寓意。鼓伞相配，可以舞出闽南地区的民俗韵味，表现出人们的精神寓意。

（2）审美对象的艺术享受功能。大鼓凉伞的很多动作、动态是对自然景物和生活情态的模拟，例如鼓手的金鸡独立、骑马蹲裆、虎跳、斗鸡状斗鼓和鼓手与伞娘的情感交流，以及丑公婆的嬉戏逗乐和即兴表演等。但这并不是简单的再现，而是为了显示自身美感，追求“舞化”和技艺性的一种再现。这种再现比单纯的生活和自然模拟具有更多的情感内涵和艺术性，因此受到群众的普遍喜爱。鼓手沉稳豪迈的步履、开阔恢宏的气度，伞娘婀娜多姿、轻盈飘逸的对舞，二丑动作的幽默诙谐，以及鼓、伞独具地域特点的创意装饰相得益彰，极具闽南特色。

（3）强身健体的身心健康功能。随着社会的不断发展，人类对大自然的了解和征服能力逐渐提高，各种民俗娱神舞蹈祭祀仪式也开始向简单化发展，逐步成为群众性的健身娱乐活动。大鼓凉伞的音乐节奏鲜明，步伐简单，已经从只有民间艺人会跳发展为人人会跳、爱跳的一种民俗体育形式，其所具有的身心健康功能也日渐突出。

（4）族群凝聚、青年交流的沟通功能。大鼓凉伞具有一种维系群众凝聚力的作用，可以很好地增强族群认同感。在喜庆的日子里，村民们一同表演，在热闹、祥和的氛围中，族群的凝聚力也进一步增强。此外，大鼓凉伞等民俗活动集体表演不仅是拜神祈平安的重要祭祀内容，同时也是青年进行交流、沟通的重要渠道，满足年轻人们娱乐、交流等心理方面的需求。

（二）大鼓凉伞的音乐特征

大鼓凉伞所用的伴奏乐器主要有大鼓、平锣、南钹和铜钟等，其中大鼓是主奏乐器。大鼓凉伞音乐的特征大致有三个方面。第一，锣鼓节奏的设计完全服从舞蹈动作、组合与舞蹈队形变化的需要，表演动作要与锣鼓点紧密配合。第二，鼓手的动态击鼓声是舞蹈的重要组成部分，需要有大鼓的指挥来协调一致。指挥鼓点加上锣、南钹等其他打击乐器的齐奏、合奏，以及技法的运用，可以提升音乐效果，增强舞蹈表现力。第三，锣鼓乐有着激昂雄壮、惊天动地之势，且具有穿插行云流水、跌宕起伏的色彩对比。另外，压鼓槌和扣锣的运用具有收音和提示作用，可以敲鼓边来增加锣鼓乐的变化。

二、大鼓凉伞的文化价值

（一）传承传统文化的历史价值

大鼓凉伞作为漳州民间艺术的内容与形式，与我国各地民间舞蹈一样，秉承、吸收了我国传统民俗文化的共性特征，具有下面三种传统文化特征。

1. 历史传承的文化基因特征

根据表演形态分析，大鼓凉伞“焚香拜佛”是请神巡行前的仪式；“游街”指的是队伍排在神像前开道，鼓、伞分两道排列，进行行走式的表演，主要是保佑村中各家各户可以平安居住，吉祥顺利；“团场”指的是大鼓凉伞队在一路到达的庙宇前围场进行的比较热烈且复杂多变的娱神表演。这三种形式都是从古俗延留下来的，与“崇巫重祀”的古风民俗密切相关。此外，大鼓凉伞中的丑角也是我国传统戏曲的主角之一，其插科打诨的艺术构想体现的也是中国人传统意识中以“闹”为乐的性格，饱含着丰厚的文化内涵。

2. 中正平和的传统价值特征

在表演内容方面，鼓手与伞娘的双人动作配合和情感交流形成互补；在表演结构方面，男子斗鼓舞段反映出人们友善、和平共处的一种状态，女子凉伞舞段则表现出一种轻柔飘逸之感，二者间形成了一种和谐的舞风，将中国人看待事物和处理问题的中正平和态度充分展现出来。

3. 完善修养的处世态度特征

根据舞蹈构图分析，大鼓凉伞整个的龙吐须、龙摆尾和莲花转等，均表现出中国人对龙的崇拜和对莲花的钟爱，表现出人们对龙马精神的崇尚，同时也寄托了他们对莲花“出淤泥而不染”的清高脱俗境界的追求。

（二）地域舞蹈的艺术审美价值

大鼓凉伞之所以能够成为漳州最具代表性的民间舞蹈，是因为其具有独特的地方民俗文化艺术个性特征，因此它具有地域舞蹈的艺术审美价值。

1. 地域舞蹈文化品格

（1）受地理环境生产方式影响的舞风。漳州依山傍海，坐拥平原，大海和高山封闭的自然屏障包围的地理态势，使得漳州有着一种独处一隅的特定氛围，同时也为这个相对独立的文化形态能够保存并延续提供了重要条件。大鼓凉伞受地理环境生产方式的制约分别表现在农耕文化和海洋文化两个方面。

在农耕文化方面，漳州是闽南金三角中气候最为温和、农业最为发达的富饶的鱼米之乡。也正是因为这得天独厚的自然环境，造就了漳州以农耕经济为主导的生产方式。在较优越的地形和气候条件下形成了漳州人较为满足的心理特点，进而形成了平和沉稳的气质。此外，农耕文化的社会生产方式也影响着大鼓凉伞，形成了四平八稳的规整动律、刚柔相济的男女互补、以走步见长的步伐、凉伞的造型与捻转动态、讲究平衡对称的队形变化，以及组织形式和活动时间等。

在海洋文化方面，漳州海岸线绵长，有680公里，海域内有岛屿109座，浅海与滩涂面积6.6万公顷。海洋变化莫测，使漳州沿海居民形成乐观豪爽的心态、坚韧不拔的性格和沉稳深挚的气质。此外，海洋生产方式的危险与不稳定性还造就漳州沿海人民的海洋性、开放性，以及不甘居人后、追求超越的人文性格，使漳州大鼓凉伞具有和谐、安详且不失强劲的地域特色。

（2）受地域人文因素影响的地方艺术个性。由于受到地域人文因素的影响，大鼓凉伞中击鼓体态、群体斗鼓动态，舞至高潮处惊心动魄的“较技”动作表演，以及讲究方阵的队形变化等整体构图动态中体现的排山倒海之势，均充分体现出闽南人民不甘居人后、注重团队精神的地域人文性格。在初唐传入、宋元形成、明清繁荣至今的闽南传统地方戏曲剧种多样，异彩纷呈。大鼓凉伞也受到影响，具有当地戏曲的表演因子。例如伞娘的身法、步态便是吸取了地方芗剧正旦和花旦的身姿动作科范，表现出柔中带俏的性格；丑公婆的动作穿插见长，插科打诨、嬉笑逗乐和即兴表演，则是融入地方芗剧中的丑角科范因素，体现出鲜明的地方特色和艺术个性。

2. 民俗舞蹈文化精髓

民族民间舞蹈是人民群众信仰、习俗、风尚、礼仪，以及审美情趣在舞蹈形态上的反映。它是一部有声有色的民间风俗史，自产生的第一天起，就与人民群众的风尚习俗紧密相连，丰富多彩的民风民俗也为民间舞蹈提供了表演的典型环境和浓郁氛围。而层出不穷的民间舞蹈又为民俗文化增添了绚丽多姿的形象色彩。如此相互作用、相互推动、世代沿袭，形成了丰厚的文化积淀。

（1）大鼓凉伞的表意功能。大鼓凉伞的鼓舞是“鼓之舞之以尽神”的延伸与发展，是闽南人民表达情感和意愿的一种媒介，具有敬神娱神的精神寄托功能。在前文提到过，凉伞在娱神表演中具有“庇护”之意，并且还可以遮阳、避雨。所以大鼓凉伞具有祈求风调雨顺和护佑美好生活之意。鼓、伞相配，成为民俗祭祀活动中可触、可观、可感的“神具”，人们支配“神具”所舞出的动作成为符号载体，用以传达人与神之间的信息，最终在娱神的同时也娱人。

（2）舞声舞表的意象功能。明代音乐家朱载堉认为：“舞表”指的是舞蹈构图，“舞声”则为舞蹈音乐。传统形式的大鼓凉伞“舞表”是非常讲究章法的，从乡村的“打四门”舞法，以面朝南方的按顺时针方向的东西南北的走势，可以明显看出“圆形运动轨迹、四个空间方位”的舞蹈构图，蕴含了“天圆地方”的上古宇宙观，传达了一种“天地和谐”之说；舞者在由“神”统摄的天地秩序中舞动，达到了“天人合一”的完美意象。大鼓凉伞的节律流畅明快，锣鼓声具有惊天动地之势，道出民俗文化以“闹”字为主色调的现象。舞蹈动作、步伐和姿态统一协调在相应的锣鼓节奏中，创造出完美和谐、激扬奋进的音乐舞蹈意象。

（3）图腾崇拜的神圣心理。大鼓凉伞群舞构图出现的龙吐须、龙出水、龙入水和龙摆尾、传统凉伞罩上绣着的“飞龙”图案，均可以折射出闽南人民图腾崇拜的神圣感情与心理归依感，不仅保留了闽南先民的民间信仰习俗，同时也表现出地域原始文化内涵。图腾崇拜可以满足闽南人民的集体意识和归属心理，表达他们对以祥瑞为文化内涵的图腾崇拜和祈求平安、和谐的心理需要。

大鼓凉伞的舞蹈和音乐本体艺术形态所显示出的鲜明性、包容性和变通性特征，以及文化特性铸就了其强大的生命力，而且大鼓凉伞受到群众的广泛喜爱，基本上每村每人都会跳，这也是其能够不断发展的动力所在。随着社会的不断发展，大鼓凉伞以其鲜明的艺术特色和顽强的生命力在闽南地区生根发芽，成为民俗文化的独特艺术风格亮点。

第三节　漳州大鼓凉伞的表演

漳州大鼓凉伞不仅吸收了我国传统民俗文化的共性特征，而且还融合了漳州地域舞蹈文化品格和民俗舞蹈文化精髓的个性色彩。它是传承漳州传统文化的重要载体，同时也是漳州非物质文化遗产的重要内容，我们需要对其进行挖掘研究，才可以将传统形态保护传承，将其文化精髓发扬光大。本节将简单介绍漳州大鼓凉伞的服饰、道具和表演过程等内容。

一、音乐

欢乐鼓

传授 陈东海

记谱 陈建成

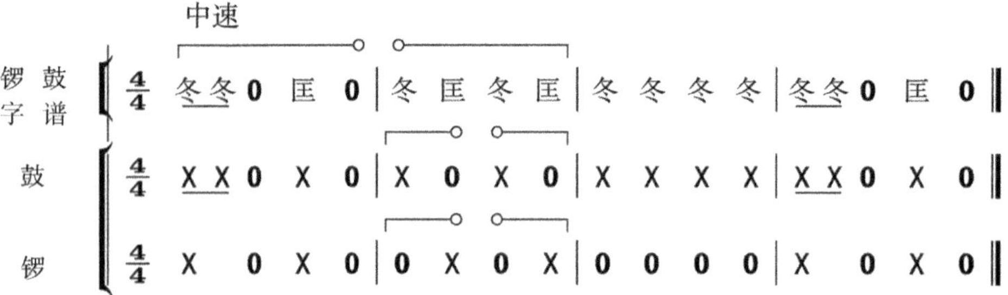

二、服饰、造型与道具

（一）舞者的服饰与造型

1. 鼓手

头戴遮阳笠，笠顶饰一红缨，身穿天蓝色紧袖对襟上衣、箭裤和黑色快靴。鼓手的服饰与造型如图 5-5 所示。

2. 伞娘

头束长发，饰珠花，插风簪，戴耳环，身穿绿色缎制大襟上衣、中式裤，系黄色大带，披大红斗篷，外罩黄色网状披肩，穿红色绣花鞋。伞娘的服饰与造型如图 5-6 所示。

3. 女舞锣者

头梳双盘髻，饰珠花，戴耳环，身穿绿色大襟上衣、中式裤，系红色大带，披大红斗篷，底边缀水红色排穗，外罩水红色网状披肩，穿绿色绣花鞋。女舞锣者的服饰与造型如图 5-7 所示。

图 5-5 鼓手

图 5-6 伞娘

图 5-7 女舞锣者

4. 男舞锣者

头戴黑色罗帽，如图 5-8 所示，身穿镶绿边的红色对襟上衣、中式裤，系黄色绸质腰带，披绿色斗篷，穿黑色布鞋。男舞锣者的服饰与造型如图 5-9 所示。

图 5-8 罗帽

图 5-9 男舞锣者

5. 彩婆

头梳后盘髻、扎彩婆额子（额子左、右两侧各饰一朵红绸花），戴耳环，身穿镶黑边的枣红大襟上衣，如图 5-10 所示、紫红长裙和黑色绣花鞋。彩婆的服饰与造型如图 5-11 所示。

6. 挑担者

头梳双盘髻（髻沿插饰绸花），戴耳环，身穿红色大襟上衣、中式裤，系绿色双垂带，披粉红色斗篷，外罩白色网状披肩，穿红色绣花鞋。挑担者的服饰与造型如图 5-12 所示。

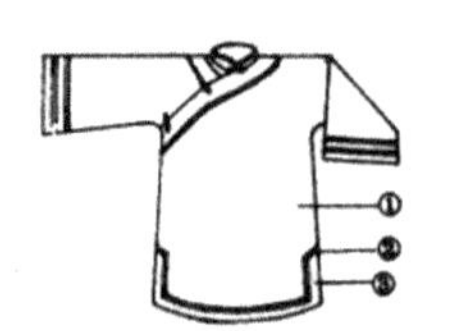

①枣红色；②白边；③黑边

图 5-10 彩婆上衣

图 5-11 彩婆

图 5-12 挑担者

（二）道具

1. 大鼓

木制鼓帮高 40 厘米，漆成红色，牛皮蒙面。鼓帮上、下边沿各系铜环，以一条白色绸带穿过上、下沿的铜环，用来装饰鼓帮；此外，再用一条红绸带分别穿过上、下两个铜环，两端下垂，供鼓手系鼓时使用。木制鼓槌长约 28 厘米，末端系红绸。大鼓个鼓槌的形状如图 5-13 所示。由于大鼓大且重，所以一般系于胸部略下、腹部之前，借助牢固的绑法来固定。

2. 马锣与锣槌

铜锣面直径 35 厘米，木制锣槌长 22 厘米，槌头缠布，如图 5-14 所示。锣既可做伴奏乐器，也可做舞锣者的道具，为舞蹈增添音乐色彩。

3. 凉伞

在长 110 厘米的木棍一端用竹篾扎成伞顶骨架，如图 5-15 所示，顶围直径约为 50 厘米，用伞罩围饰而成。伞罩分两节，上部用红缎制成，下沿缀以粉红色排穗；下部用紫缎叠绉接于上部，下沿缀黄色排穗。伞罩顶沿饰绿色排穗，并缀六条红色剑形带。凉伞的造型如图 5-16 所示。凉伞的伞架与生活中的伞架一样，只不过骨架更粗，顶围略小。在舞动时，伞罩旋转飘动，好像彩云飞蝶一般，十分美丽。

有调查研究发现，城市和农村的凉伞形状存在差异，主要体现在以下三点。第一是骨架存在差异，农村的凉伞比较古朴，骨架与“神伞”一致，只是尺寸按比例缩小；城市的凉伞骨架比例有所改进，顶围直径略微加大，做伞骨用的竹篾削得比农村更细，所以整个伞篷顶宽且轻。第二是伞罩存在差异，农村伞罩有二层或三层，层层宽度尺寸比例一致，旋转起来呈“圆筒形”，与“神伞”的形状比较类似；城市的伞罩有一部分改为第一层和第二层较短且窄，皱褶更少，第三层较长且宽，皱褶较多，旋转起来呈“伞花”，张得更开。此外，为了增加流动感，第一层还改为水波纹状。第三是伞罩装饰存在差异，农村的凉伞模仿“神伞”，伞顶只有单一色彩，绣有龙凤图；城市的凉伞则很少用此图案，伞顶用两种对比色的绸布裁成大小圆形连接而成，用银色亮片缝合连接处，增加凉伞的亮点。此外，农村凉伞以“神伞”的黄色作为主色调，并配合其他颜色；城市凉伞使用黄色的比例较少，比较注重大红大绿的色彩对比。

图 5-13　大鼓

图 5-14　马锣与锣槌

图 5-15　凉伞骨架

图 5-16　凉伞

4. 彩缎蒲扇

以竹篾扎成直径 50 厘米的圆圈，安上长 20 厘米的木柄，篾圈的一面绷上红缎，另一面绷上水红缎，扇沿分为四等份，相间缀上水红、大红缎边，如图 5-17 所示。

5. 手帕

用水红和绿色两块三角形不同花色的绸缎拼成边长 40 厘米的正方形花帕，四边缝上红色排穗，如图 5-18 所示。

图 5-17　彩缎蒲扇

图 5-18　手帕

6. 花担

两只内装纸制鲜花、水果的竹篮，用红绸带作提手，分挂在两端系红绸花的扁担上，如图 5-12 所示。

三、动作说明

（一）道具的执法

1. 背鼓

将鼓竖于胸前，将红绸带经双肩于背后交叉，再于腰旁分别穿过两个铜环，然后绕至腰后挽结，如图 5-19 所示。

2. 握鼓槌

握鼓槌的姿势如图 5-5 所示。

3. 握伞

在握伞时应满掌握伞柄，如图 5-6 所示。

4. 执锣

执锣的姿势如图 5-20 所示。

图 5-19 背鼓姿势

图 5-20 执锣姿势

5. 握彩蒲扇

彩缎蒲扇的握法如图 5-11 所示。

6. 二指捏帕

二指捏帕的动作如图 5-11。

7. 挑担

挑担的姿势如图 5-12 所示。

（二）鼓手的动作

1. 弓步击鼓

首先站“小八字步”，双手分别“握鼓槌”于鼓两侧，呈准备姿势。第 1 拍时左脚迈向左前成左“旁弓步”，双手同时击鼓，左手顺势扬至“托掌”位，右手下划至右下方，上身随之略微左倾，稍左拧，眼睛看向右前方，如图 5-21 所示；第 2 拍时双腿保持原姿势，双手各收至鼓旁，上身拧向左前；第 3 拍时重心前移，左腿直立，做右“旁吸腿”，上身和双手做第 1 拍的动作，但幅度略大一些，同时注意立腰、挺胸；第 4 拍时保持静止；第 5～8 拍做第 1～4 拍的对称动作。

2. 击鼓步

每拍一步，便步前行，同时按鼓谱击鼓。

(三) 伞娘的动作

1. 转伞步

双手执伞于胸前，一拍一次交替转动伞柄，使伞顺时针方向转动，双脚一拍一步便步前行。

2. 踏步转伞

第 1～3 拍时上右脚（或撤左脚）成左“踏步”，微蹲，眼睛看向右前斜上方，双手做转伞动作，如图 5-22 所示；第 4 拍时收右脚（或上左脚）成“小八字步”，双手做转伞动作；第 5～8 拍做第 1～4 拍的对称动作。

图 5-21　弓步击鼓

图 5-22　踏步转伞

(四) 鼓手和伞娘的双人动作 (平步对绕)

首先两人面对面站立，第 1～4 拍时鼓手做“弓步击鼓”，伞娘原位做“转伞步”；第 5～8 拍时二人同时向左（或右）横移四步，对绕四分之一圈或半圈，同时鼓手按谱击鼓，伞娘做“转伞步”。

(五) 彩婆的动作

1. 平拉扇

首先双腿站“正步”，微蹲，右手握彩蒲扇端于胸前，左手做“二指捏帕”于“山膀”位。第 1 拍时右脚屈膝向前上一步，然后双手向右平划成右手于“山膀”位，掌心向上，左手则于“按掌”位，身体略微左倾，扣右腰、顶右胯，头右倾，视线随扇，如图 5-23 所示；第 2 拍时做第 1 拍的对称动作。

图 5-23 平拉扇

2. 小扇风

一拍两步走“圆场”，同时右手握彩蒲扇于右前上方，一拍一次做扇风状；左手二指捏帕贴于右肘内侧，头和上身微向右倾，眼睛看向左前上方。

（六）舞锣者的动作

1. 虚步击锣

首先站“小八字步”，执锣。第 1～2 拍时上左脚、右脚前伸成右“虚步”，同时按鼓谱击锣；第 3～4 拍时做第 1～2 拍的对称动作。

2. 击锣步

每拍一步便步前行，同时按谱击锣。

（七）挑担者的动作

1. 右挑担

右肩挑担，每拍一小步踩地前行，身体随着略微起伏，使担子也顺势微微上下颤动。

2. 左挑担

在右挑担的基础上左转半圈换成左肩挑担，双手顺势换握花担提手。

大鼓凉伞作为一项民俗传统体育项目，有着悠久的历史和曲折的发展过程。过去大鼓凉伞主要是在祭祀活动和喜庆节日进行表演，现在是在重要节日进行表演。从大鼓凉伞的动作来看，它是一项具有负重型的趣味健身运动。由于其表演和练习不受场地的限制，所以深受群众的喜爱。此外，大鼓凉伞是一项集体参与配合的活动，经常参加有助于培养责任心、提升人际交往能力和增强团队协作能力等。现在，大鼓凉伞还作为一项具有特色的体育资源，大大丰富了我国体育文化和地方特色体育运动项目，对于我国新农村体育的进一步建设和发展也具有良好的推动作用。

第六章　民俗文化活化石——拍胸舞

第一节　拍胸舞的形成环境与变迁

拍胸舞是闽南地区广泛流行的民俗体育项目之一，也被称为打七响或打花草等，发源于福建泉州。在 2006 年，拍胸舞被列入首批国家级非物质文化遗产保护名录。拍胸舞不仅展现了闽南人民特有的民风民俗，同时也体现了闽南地区历史演变的痕迹，具有鲜明的地域特色。本章将分别论述拍胸舞形成的环境，以及服饰、音乐、动作的变迁。

一、拍胸舞形成的环境

（一）自然环境

福建省简称闽，地处我国东南沿海，远离中原腹地，东北与浙江省接壤，西北横贯武夷山脉与江西省为邻，西南与广东省相连，东南隔台湾海峡与台湾相望。福建省的陆地总面积为 12.14 万平方千米，其中海拔 200 米以上的山地、丘陵占比超过了全省总面积的 80%。福建的层层山脉挡住了北方冷空气的入侵，除了少数高山地区，八闽大地的冬季没有严寒。此外，由于古代交通不够发达，这些山脉还将福建与浙江、江西至北方中原各地阻隔开来，形成了一个相对独立的社会区域，在客观上为民俗体育文化的保存创造了有利条件。此外，福建地区的气候为亚热带湿润季风气候，在每年的五、六两个月份降水最多。且在夏、秋之交台风较多，暴雨也十分常见。这样的气候条件对闽南地区人民的服饰和民俗体育项目的服装、道具都产生了非常重要的影响。像在表演拍胸舞时，舞者大多裸露上身，下穿短裤，赤足而舞。由于受到山海相连的地理环境和亚热带湿润季风气候的影响，闽南地区非常适宜蛇类繁殖。因此，闽越族人将蛇作为图腾，拍胸舞舞者头饰上的草箍和动作的横摆，均是模仿蛇头抖动和蛇三道弯的动作。

(二) 人文环境

1. 人口的迁徙

在秦汉以前，闽越人民与中原的交往不多，民俗自成体系，成为闽南区域文化形成的基础。在汉晋至宋代时期，中原汉人开始不断向东南沿海迁徙，先后四次大规模进入福建。其中，第一次是西晋末年的八姓入闽，第二次是唐代陈光元开发漳州，第三次是唐末五代王审知治闽，第四次是北宋南迁。随着汉人大批入闽，福建地区的生产技术有了很大改进，汉文化也在闽地快速传播开来，中原传统文化与福建当地文化开始相互融合。这两种不同风格的文化融合为拍胸舞的基本动作、动律和风格的形成奠定了一定的基础。

2. 生产生活方式

闽南地区依山靠海，除了有捕鱼为生的渔民，还有插秧种田的农民。因此，拍胸舞的很多动作是表现田间生产劳动和模仿动植物的。例如，有的拍胸舞动作是在田间野地赤膊拍胸，以双掌拍击胸、肩、肋、胯等部位，发出有节奏的响声，脚步主要为“蹲裆步”；还有模仿动物而发展出的田鸡跳和金鸡独立等动作。在北宋时期，泉州成为国际贸易港，与36个岛国都有贸易关系，泉州佛教大型乐舞也十分普及。到了南宋和元代，泉州发展成为东方第一大港，在与域外通商的同时，域外文化也被带到泉州，开始影响泉州民间舞蹈的发展。与此同时，乐曲、歌舞和戏剧也盛行开来。

3. 民间信仰

在我国古代，社会生产力低下，为了解决生存问题和一些无法解释的自然现象，人们通常都会寄托于神灵的指示和保佑。例如，闽南地区有很多蛇类繁衍，对人们的生命和生产造成极大威胁。因此，人们在近山的岩石上刻画蛇形，并建庙供奉，以祈求神灵的保护。拍胸舞舞者头上戴的圆形草箍便体现着古闽越人的蛇图腾。在草箍顶端接头处留出红色的一段，好似蛇头一样翘起，不仅将蛇的优美形象体现出来，同时也表达了古闽越人对蛇神的崇敬之意，保存了祭祀古风。

二、拍胸舞的不断适应与变迁

早期的拍胸舞是从祭祀活动的实用角度出发的，随着长时间的不断演变，拍胸舞以闽南文化因素为背景，不断吸收整合外来文化，不断进行适应与变迁。中华人民共和国成立后，特别是在改革开放后，社会有了很大进步，经济有了很大的发展，再加上农村城镇化进程不断加快，使得人们的生产、生活方式发生了翻天覆地的变化。与此同时，人们的生活观与价值观也在不断变化，使得拍胸舞的服饰、音乐、道具、表现形式和内涵等也出现许多变化。例如，早期的拍胸舞主要是在民间大型文艺踩街、敬神、丧葬等各类宗教和民俗活动中表演，现在已经扩展到闽南地区各个社区、各种旅游活动场所，以及闽南地区的大、中、小学校和剧场中。

（一）拍胸舞服饰、音乐及道具的变迁

传统的拍胸舞的服饰为头戴草箍，上身裸露，下身着黑色大叉裤，腰间扎布带，装饰非常简单。现代拍胸舞的服饰在保留头上草箍的同时，进行了更多的创新。例如，舞者有时上身会穿敞胸背心小褂，下身穿颜色各异的短裤；在表演场地不理想时，会穿上鞋。最开始的拍胸舞没有音乐伴奏，主要强调用身体拍击出声响节奏，这样可以充分体现舞蹈本身的动律特色，有助于协调群体动作，渲染舞蹈气氛，将远古闽越舞蹈粗犷、古朴的民族舞蹈遗风较好地进行保留。后来，受到梨园戏的影响，开始用南音进行伴奏，使得拍胸舞的表现力大大增强。发展至今天，人们在对拍胸舞进行整理和加工时，为了适应改编后的需要，还会另外编写曲子。在部分大型文化活动中，为了营造欢快、热烈的气氛，在表演拍胸舞时也会采用《正月点灯红》等的喜庆乐曲。传统的拍胸舞表演人数较少，表演形式也比较随意。随着多种文化的相互融合，拍胸舞被越来越多的表演形式所吸收，并进行了改造与创新，不仅表演人数大幅增加，而且还出现了控制舞蹈节奏、变换舞蹈动作的钱鼓。在表演时，由一人手持钱鼓，有节奏地进行拍打。在没有音乐伴奏的情况下，钱鼓的作用更加明显。

（二）拍胸舞动作表现的变迁

传统拍胸舞的主要动作包括击、拍、夹、踩，节奏比较单一，也被称为“打七响”。即双手于胸前合击一掌，然后依次拍打左、右胸脯，双臂内侧依次夹打左、右肋部，双手再依次拍打左、右腿部，共为 7 响，时值共 7 拍，同时配合双脚的左右蹲裆步，胯部随之左右摆动，同时配上愉快的颤动。像这样，7 响节奏动作循环往复，将闽南地区简约古朴的风貌充分表现出来。随着社会的不断发展，人们的审美需求和健身娱乐需要均有所变化，拍胸舞也派生出以“打七响”为基础的“打八响”和“打多响”的拍胸动作与组合。民间艺人们通过长期的表演和教学，不断进行总结创新，创作出“踩街拍胸”和“酒后拍胸”等不同风格的拍胸舞。其中，“踩街拍胸”一般是用来表现热情欢快的气氛，动作幅度较小，

速度快，多在喜庆节日参加踩街时跳；“酒醉拍胸”是在酒后即兴跳的，动作较为缓慢，节奏变化较多且富有韵味。此外，民间艺人们还提炼出了许多具有浓郁生活气息的动作、技巧，创造出多个栩栩如生的舞蹈动作，例如“玉驴颠步”、“击掌回音”、“金鸡独立”、“善才抱牌”、“蜈蚣展须”、“大阉鸡行”、“小阉鸡行”、“半月斜影”和“青蛙扑蚊”等。

随着社会的不断进步和现代化进程的不断加快，人们的生产、生活方式有了很大改变，文化及其所依赖的环境也在不断变化，拍胸舞也在不断发展与变迁。如何在变化中保持拍胸舞的原貌及生存环境，并进行可持续的和谐发展，是需要大家共同探索的。拍胸舞的传承与发展只有通过多方努力，才能找到传统文化与现代社会并存的一个平衡点，从而将这个群众喜闻乐见且具有历史价值的民俗体育项目完整地保存下来。

第二节　拍胸舞的社会文化特征与功能

拍胸舞有着非常悠久的历史，其形成和发展是一个将舞蹈、宗教、戏曲和习俗等多种文化融合在一起的过程。在闽南地区，拍胸舞是一项广泛流行的民俗体育活动，具有鲜明的地方特色、浓郁的民族色彩和广泛的影响力。由于节奏明快，舞姿优美生动，具有独特的健身价值，所以也被誉为“东方 Disco”。本节将对拍胸舞的社会文化特征和功能进行分析。

一、拍胸舞的社会文化特征

（一）历史积淀性

拍胸舞是以闽南地区悠久的历史文化为基础，在发展过程中不断吸收闽越文化、中原文化和海外舞蹈文化等内容，逐步形成的一种具有独特风格的艺术形式。它起源于古闽越族的蛇图腾信仰，是古代驱鬼逐疫、求福消灾的一种民俗活动。如表演者所戴草箍上的蛇形头饰便鲜明地保留了秦汉时期闽越族先民蛇图腾崇拜的遗风，且舞蹈的横摆动律也与古闽越族对蛇鸟图腾的崇拜心理密切相关。最早的拍胸舞动作比较简单，舞者头戴草圈，上身裸露，以单一的打七响动作进行表演。舞蹈粗犷有力，将闽南地区原始、简单、古朴的历史属性和闽越先民的生活环境与精神面貌充分地体现出来。在秦代至宋代的几百年间，中原移民多次，大量进入闽越，中原的先进文化和先进生产技术也纷纷传入，儒家忠、孝、仁、义、礼、智、信的观念成了闽南人民基本的行为准则。在宋元时期，随着泉州成为“东方第一大港”，海上丝绸之路所带来的异域文化也在对拍胸舞的发展产生影响。闽南人民在这种多元文化的熏陶下，形成了聪明灵秀、勇于拼搏的精神。

（二）文化传统性

在上一节中提到，闽南地区属于亚热带气候，所以蛇类在闽南地区大量繁殖。闽越人以蛇为图腾，舞者在跳拍胸舞时头上会盘着如蛇头突起的草绳圈，部分舞蹈动作也是以蛇的摆动为基础，将他们对蛇神的崇敬之意充分表现出来。如今，蛇崇拜习俗在闽南地区依然存在。闽南地区地处东南沿海，随着海上丝绸之路的发展，泉州成为我国四大对外通商口岸之一，海上交通非常繁荣，同时也促进了闽南地区文化、宗教、歌舞、百戏的兴盛和发展。随着佛教、伊斯兰教、基督教、婆罗门教、摩尼教等不同宗教先后进入，闽南地区的宗教活动也日益频繁。在这些活动中，跳拍胸舞，不仅可以为人们祛灾纳吉，还可以为活动增添热闹的气氛。而这也为拍胸舞提供了生存与发展的土壤。在宋元时期，拍胸舞被编入宋元南戏中。由于受到宋元南戏和梨园戏的影响，拍胸舞在闽南地区的传播更为广泛。发展至今天，拍胸舞已经成为闽南人精神文化的重要组成部分，不仅是喜庆婚丧活动、文化交流活动、大型文艺踩街、农运会和中小学生校园艺术活动中表演的一种艺术形式，同时也是闽南人民思想内涵和情感的重要体现。

二、拍胸舞的社会功能

（一）健身娱乐功能

拍胸舞的打七响动作综合了头、颈、手、脚等身体多个部位的协调运动，且还强调发出声响，即击掌、拍胸、夹肋、拍腿。此外，其动作组合还包含了许多对日常生活和劳动的模拟。例如，“扭膝跑”表现出青年在田间劳动之余追逐田鸡的情态，“蜘蛛放丝”表现出酒醉时醉意熏熏的情态。拍胸舞是一项群众广泛参与的民俗体育活动。从运动生理学的角度来看，伴随活泼轻快的闽南南音曲调，以均匀的节奏进行身体运动和随队游舞的表演形式，有利于身体各功能器官积极进行活动，可以加速血液循环，帮助改善血液循环系统、消化系统的功能，以及增强身体免疫力和各组织的功能；从保健学的角度来看，在跳拍胸舞时用双手均匀地拍打掌、胸、肋、腿部位，可以帮助按摩、减轻疲劳；从舞蹈心理学的角度看，每逢节日和各种祭祀活动时跳拍胸舞，可以将广大群众的疲劳、情感等尽情释放、展现，使得身体和心理得到放松和愉悦。

（二）教育功能

拍胸舞是闽南地区民俗体育的一个重要组成部分，其产生和发展与该地区的传统文化密切相关。拍胸舞记录了闽南地区文化的发生和发展过程，所以参加拍胸舞活动并探究其文化历史，可以对舞蹈动作技能进行训练，提高身体素质，了解闽南地区的民族文化。此外，还可以通过与他人合作，培养有组织、有纪律、团结合作的精神。

（三）表演功能

经过长时间的发展，拍胸舞已经形成了一套比较完整的体系，从之前单一的横晃动律单拍掌动作，发展为包含基本体态、基本动律、基本动作和基本技巧的完整体系。在技术、技巧方面，矮子步打八响、矮子步螃蟹走打八响、旁吸腿打八响、前吸腿打八响、后吸腿打八响、侧后抬腿击掌翅跳打八响、前吸腿斗鸡跳打八响、后吸腿摆老鼠尾巴跳打八响、蹲裆步二分之一跳转和凤凰腿原地转等分别涵盖了跳、转等高难技巧；在表演风格方面，形成了以郭金锁、尤金满和邱剑英为代表的三种艺人流派，他们同出一脉，却有着各自的特点。早在20世纪50年代，拍胸舞就出现于中华人民共和国成立十周年文艺晚会上。在20世纪90年代，拍胸舞进入大发展阶段，在泉州、厦门、漳州文化旅游节和香港、澳门艺术节，以及多个大型舞蹈比赛和表演活动中，拍胸舞均征服了观众。而在闽南农村，拍胸舞也是各种喜庆节日活动和庆祝丰收的保留节目，是闽南地区一种最为普遍和典型的民俗体育活动。

拍胸舞的群众基础非常丰厚，在家庭聚会和社会性质的集会中，均可以看到闽南人民跳拍胸舞来表达心情。拍胸舞主要是依靠手掌、肩、肋、胯、臂、腿、肘、脚等部位进行表演和展现，可以帮助提高身体素质和自我调节能力。此外，拍胸舞中的很多动作还具有很强的表现性，可以使这项民俗体育活动具有良好的观赏性。虽然拍胸舞经历了历史文化的沉淀，但是在当今社会中，还是需要不断接受现代思想的熏陶，才可以深入挖掘出其所蕴含的健身价值。

第三节　四种不同风格的拍胸舞

拍胸舞是一种男子徒手舞蹈，不受道具和场地的限制，在兴起时双手拍击自身，便可起舞。以“打八响”为基本动作，脚下配合小跳步、十字步、蹲裆步等多种步伐，再加上头部任意摆动，形式变化多端。此外，表演中的“公鸡斗”和“青蛙跳”等动作可以使表演更加形象、生动，有助于内心情感的充分抒发。由于跳拍胸舞时的环境、情绪和舞者不同，在长期流传中形成了不同的跳法与风格。经常以舞队形式参加喜庆佳节踩街游舞的是踩街拍胸，这种拍胸表演，具有比较规范的动作，随着伴奏的音乐，舞者会列成单、双竖队，以直腿“小跳步”和“打八响”沿街行进；或是由领舞者带领众人以任意组合边舞边行。踩街拍胸的幅度一般较小，速度快，具有热烈、欢快、便于行进的特点。在丰收时节，劳动人民在田间野地会跳拍胸舞，动作以“蹲裆步”跳、双手“打八响”和不断摆动头部为主，幅度大，速度快，具有粗犷、豪迈、欢快的特点。乞丐拍胸是闽南地区的乞丐跳拍胸舞来乞讨求生，动作幅度小，速度慢，且带有一点哆嗦和颤抖，具有小心翼翼、讨好别人的艺术效果。酒后拍胸是人们喝酒时，在酒后乘兴围圈拍胸，动作徐缓，步伐左摆右晃，将酒后的醉态充分展现出来。

一、踩街拍胸

（一）概述

踩街拍胸始于各种踩街活动，是闽南地区人民在迎神赛会和喜庆节日时举行“踩街”活动中表演的拍胸舞。在过去，闽南地区盛行祭祀活动，普度、元宵、菩萨生日、财主寿辰、迎亲及送葬等都会组织踩街，踩街的队伍由各种舞队组成。通常都是用拍胸舞开道，后面接着甩球、大人面具、扮戏曲人物、跳鼓、彩球、彩婆、火公火婆、驴子探亲和车鼓等舞蹈。拍胸舞者，赤膊赤足，不断行进；双手不停拍打胸部、大腿、手臂和两肋，动作干脆利落，将身上拍得通红。

踩街拍胸的动作主要来源于生活。例如，大人步是模拟送葬中的纸人，舞者会将身体挺直，左右摆动，好像一推就会倒下；雨来步是表现在雨天活动时，走在农村坑坑洼洼路上的感觉；李铁拐是在田间小路行进时，模仿李铁拐单脚站立，用一条腿走路的滑稽样子；不倒翁是表现过独木桥时双脚交替交叉踩下，身体左右晃来晃去的情景。这些幽默、滑稽的动作与拍胸、拍腿、夹肋的噗噗声响配合起来，具有非常强的感染力。

无论是寒天还是酷暑，或是阴天下雨，进行踩街拍胸的人们都非常兴奋，共同舞动。在闽南地区，基本上人人都会跳拍胸舞，而且大家也都非常喜欢跳，在有活动时，全村都会出动。待一人领头起舞后，会跟上很多人一起舞动，气势非常大。在行进时，全体排成单行或是双行，边走边舞。

（二）音乐

踩街拍胸采用闽南民间乐曲《乐开怀》伴奏。曲子的旋律欢快跳跃，特别是切分音型和后16分音型的运用，使得乐曲更加跌宕起伏，极具特色。伴奏乐器一般是笛子、唢呐、二胡、琵琶、板胡和月琴等。

乐开怀

传授　郭金锁

记谱　贾　桦

1＝B　稍快　抒情跳跃地

4/4 6 - 2̇ - | 7 76 5 3 | 6 - - - | 6 62̇ 1̇2̇1̇7 6765 3235 |

6666 6 66 60 0 ‖: 6 6 2̇ 1̇2̇1̇7 63 | 66 2̇ 1̇2̇1̇7 60 | 5 5 1̇ 5654 3 6 |

5 5 1̇ 5654 5 0 | 2̇ 2̇ 6 2̇3̇2̇1̇ 2̇ 6 | 2̇ 2̇ 6 2̇3̇2̇1̇ 2̇ 0 | 2̇ 5̇ 3̇ 2̇3̇2̇1̇ 2̇ 6 |

2̇ 5̇ 3̇ 2̇3̇2̇1̇ 6 0 :‖ 6666 62̇ 1̇1̇1̇1̇ 6 3 | 6666 62̇ 1̇1̇1̇1̇ 6 0 | 5 5 1̇ 5654 5 5 |

5 5 1̇ 5654 5 0 | 2̇ 2̇ 6 2̇3̇2̇1̇ 2̇ 6 | 2̇ 6 2̇ 3 | 2̇ 6 2̇ 3̇ |

2̇ 5̇ 3̇ 2̇3̇2̇1̇ 6 0 | 6 7 6 5 | 3 5 3 2 | 1 27 6̣ - |

6̣6̣ 0 6̣ 0 2 6̣ 0 | 6̣6̣ 0 6̣ 0 2 6̣ 0 | 2̇2̇ 0 3̇ 2̇ 0 0 | 2̇2̇ 3̇2̇ 60 60 |

2̇ 6 6 2̇ 3̇ 0 0 | 5̇ 6̇ 5̇ 2̇ 3̇ 0 0 | 2̇ 5̇ 3̇ 2̇ 6 1̇ 6 | 2̇ 2̇ 3̇ 2̇ 0 0 |

1̇ 3̇ 2̇ 3̇ 7 3̇ 6 3̇ | 3̇ 5 7 6 0 0 | 6 1̇1̇ 1̇ 66 1̇ 0 0 | 2 55 3 22 3 0 |

6 6 5 5 3 3 2 2 | 2 2 3 5 2 0 0 | 6 66 5 55 6 66 7 66 | 5 5 6 7 - |

6 6 2̇ 3̇ 1̇2̇1̇7 6 5 | 3 6 5654 3 - | 3 6 2#4 3432 3 3 | 6 3 5 7 6 66 6 66 |

2̇ - 7 - | 7 2̇ 7 6 5· 6 | 5 55 5 66 3 55 3 22 | 1 33 2 7̣7̣ 6̣ - |

6 2̇ 1̇ 7 6 5 | 6 - - - ‖

（三）服饰与造型

1. 服饰

舞者头戴草编头圈，如图 6-1 所示，下身穿短裤，赤膊赤足。

图 6-1　草编头圈

2. 造型

舞者的造型如图 6-2 所示。

图 6-2　舞者造型

（四）踩街拍胸的动作

1. 拍击身体的方法

（1）夹肋

双臂屈肘平架起，手指自然弯曲或呈虚握拳，交替用上臂内侧向肋部用力夹击相撞，发出清脆的声响，上身顺势左、右摆动，如图 6-3 所示。夹肋的节奏可快可慢。

图 6-3 夹肋

（2）快夹肋

动作与夹肋动作相同，双臂快速夹击肋部。注意动作保持快捷、松弛，上臂夹肋后立即弹开，像是鸟儿飞翔时的扇动翅膀状。

（3）拍左胸

右手肘关节屈 135°横拍左胸大肌，上身随之向左摆动，同时左手向旁平伸，肘部内旋，肘关节并弯 45°，手心向下。

（4）拍右胸

左手肘关节屈 135°横拍右胸大肌，上身随之向右摆动，同时右手向旁平伸，肘部内旋，肘关节并弯 45°，手心向下。

（5）转手拍掌

右手在上、左手在下，双手互拍一下，然后双手顺弹做揉球状，换成左手在上、右手在下，再互拍一下。

2. 基本动作

（1）打八响

双腿呈大八字步半蹲，双臂屈肘抬至胸前做好准备。第 1 拍时，右手拍左掌一下，上身随之向右摆动；第 2 拍做第 1 拍的对称动作；第 3 拍做“拍左胸”动作；第 4 拍做“拍右胸”动作；第 5 拍右上臂“夹肋”；第 6 拍做第 5 拍的对称动作；第 7 拍时，上身前俯左倾，左手拉至山膀位，右掌向右拍击右大腿，并顺势甩向左侧；第 8 拍做第 7 拍的对称动作。

（2）后踢跳

左脚起，每拍小跳一步，双腿小腿交替后踢。这个动作既可以原位做，也可以边前行边做。

（3）欢喜步

双脚一拍一步做“后踢跳”八步，前四步上身前俯，后四步上身后仰，同时双手做“打八响”。

（4）斗鸡步

双腿并拢踮脚，双臂屈肘夹紧肋部，呈准备姿势。第 1 拍左脚起“法儿”，换脚小跳一步，同时扣左腰；第 2～4 拍时，双臂做“快夹肋”动作，走“碎步”，原位向左转一小圈；第 5～8 拍时，做第 1～4 拍的对称动作。

（5）雨来步

双腿“正步”微蹲一下，然后顺势跳起。第 1 拍时双脚落地右腿微蹲，左腿小腿外撇、膝盖向下压，用左脚内侧着地，并用右手拍右大腿；第 2 拍保持下肢姿势不变，双膝屈伸一次，左手从左向右拍一下左大腿；第 3 拍的双腿动作与第 2 拍相同，右臂屈肘向前抬，顺势垂腕来指点右肩；第 4 拍的双腿动作与第 2 拍相同，右手保持原位，左手托打右肘，如图 6-4 所示；第 5～8 拍做第 1～4 拍的对称动作。

图 6-4　雨来步

（6）大人步

站正步，双臂屈肘抬于胸前。手做“打八响”，双脚则用前脚掌一拍一步交替微跺地行进；上身挺直，腰杆绷紧，随着手的动作一起向左、右摆动。

（7）李铁拐

第 1 拍时左脚向前跨跳一步，右腿顺势向右前吸起，同时右手拍右大腿；第 2 拍左腿做一次屈伸，同时右小腿以膝部为轴向外划一圈，同时左手拍左大腿；第 3 拍腿的动作与第 2 拍相同，右手扬起，垂腕，用手指垂点右肩，如图 6-5 所示；第 4 拍的腿部动作与第 2 拍相同，右手保持原位，左手托打右肘；第 5～8

拍时做第1～4拍的对称动作。

（8）不倒翁

双手做“打八响”，同时身体挺直，双脚踮起交替前行，并顺势带动上身左右摇晃，就像是钟摆一样，如图 6-6 所示。

图 6-5 李铁拐

图 6-6 不倒翁

3. 跳法说明

踩街拍胸以《乐开怀》曲牌伴奏，舞者人数越多越好。在行进时，全体舞者排成单行或双行走在参加踩街舞队中的最前列，跟着领舞者反复做欢喜步、大人步和不倒翁等动作，一边舞动，一边向前行进。到了街口或广场等宽阔、人多的地点后，便停下来开始交替表演上述的全部动作。此外，还可以根据场地条件是否足够、围观者情绪是否激烈等，由领舞者带领众人变化队列，进行跑大圈、长斜排和两队互相穿插等简单的队形变化。整个踩街拍胸表演欢快热烈，具有很强的即兴性。

二、拍胸乐

（一）概述

拍胸乐的动作丰富，形式活泼，既可用来自娱，也可以在劳动之余、喜庆节日或各种庆贺活动中进行表演。表演的形式包括独舞、对舞和群舞等。拍胸乐的表演场地也很多，街头、厅堂、广场或舞台上均可以进行表演。在不同地区，拍胸乐的风格与特点也有所差异。厦门同安一带广为流传的拍胸乐动作细腻圆润，抒情优美，代表艺人有被称为“查某满”（查某为闽南方言，意为“女人”）的尤金满；泉州一带的拍胸乐动作丰富多彩、跳动幅度大，快慢缓急皆具，具有豪爽、粗犷、有力的男性阳刚之美，代表艺人有被誉为拍胸舞专家的邱剑英；而官桥一带流传的拍胸乐则具有动作快速、灵活、跳跃的特点，舞者的动作变化十分丰富，情绪欢快，具有很强的感染力，可以给人强烈的愉悦感，代表艺人为郭金锁。

跳拍胸乐时的服饰与跳踩街拍胸时相同。

（二）音乐

拍胸乐的音乐采用的是闽南古老的南音曲目《三千两金》，具有非常浓郁的地方色彩，伴奏的乐器多用南音琵琶、二弦、三弦、锣、鼓、钹、洞箫、竹板、木鱼、响盏、嘭嘭鼓和小叫等。

三千两金

传授　尤金满

记谱　袁和平　陈镜秋

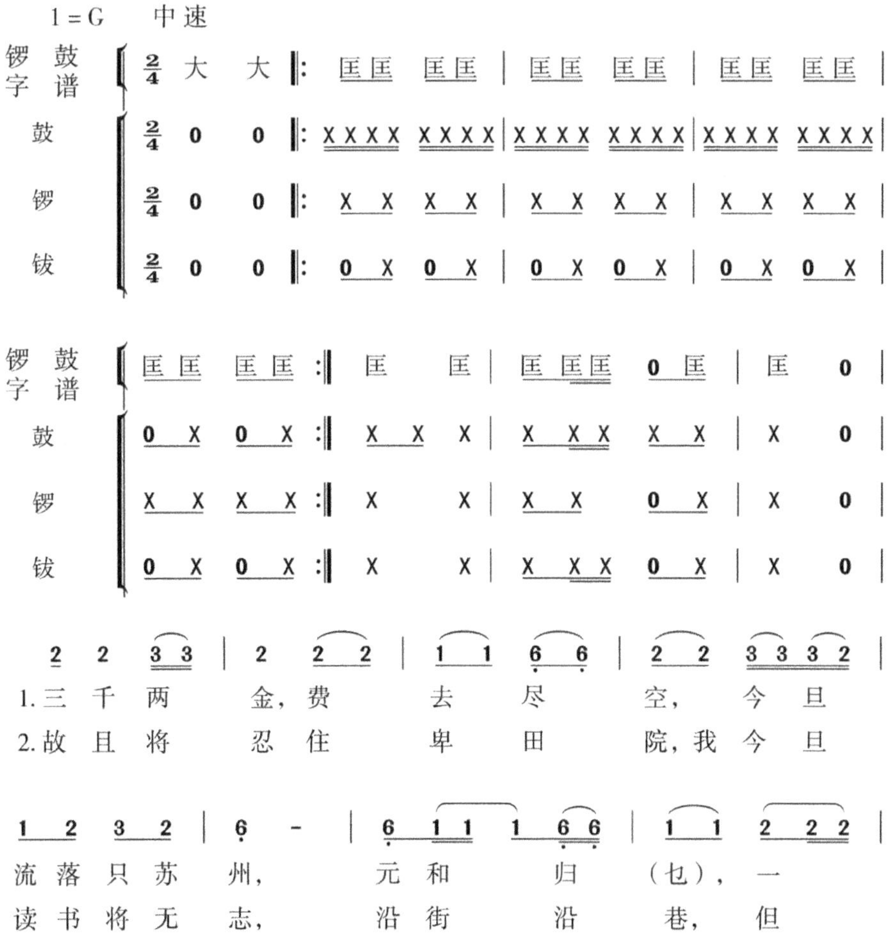

1＝G　中速

锣鼓字谱 | 2/4 大 大 |: 匡匡 匡匡 | 匡匡 匡匡 | 匡匡 匡匡 |
鼓 | 2/4 0 0 |: XXXX XXXX | XXXX XXXX | XXXX XXXX |
锣 | 2/4 0 0 |: X X X X | X X X X | X X X X |
钹 | 2/4 0 0 |: 0 X 0 X | 0 X 0 X | 0 X 0 X |

锣鼓字谱 | 匡匡 匡匡 :| 匡 匡 | 匡 匡匡 0 匡 | 匡 0 |
鼓 | 0 X 0 X :| X X X | X X X X X | X 0 |
锣 | X X X X :| X X | X X 0 X | X 0 |
钹 | 0 X 0 X :| X X | X X X 0 X | X 0 |

2 2 3 3 | 2 2 2 | 1 1 6 6 | 2 2 3 3 3 2 |
1.三 千 两 金，费 去 尽 空，今 旦
2.故 且 将 忍 住 卑 田 院，我 今 旦

1 2 3 2 | 6 - | 6 1 1 1 6 6 | 1 1 2 2 2 |
流 落 只 苏 州， 元 和 归 （乜），一
读 书 将 无 志， 沿 街 沿 巷， 但

3 2 2 3 | 5 6 5 3 | 2 2 3 5 | 2 5 3· 2 |
身来落泊，千辛 万 苦， 朝思 暮想，只 都
得来卖歌，李妈起说 心， 花婆 言语，百 般

1 2 6· 1 | 2 3 3 1 | 2 - | 6 2 2 |
是咱为了 风流即行 来。 十 年
奉承，钱银 骗了起毒 心。 记 得

7 7 6 | 6 2 7 6 | 5 5 5 3 5 | 6 - |
窗 前，十年守窗 前， 勤苦 读，
当 初，记得当初 时， 遇亚 仙，

6 7 0 6 6 | 5 5 6 6 | 7· 6 5 6 | 3 5 3· 2 |
三年 一 望， 三 年一望，我 爱卜[①]京都
花容 玉 貌， 朱 唇 云鬓，恰似西施

1 2 6 | 2 2 2 6 | 2 2 6 2 | 3 5 5 5 |
去赴试， 所 望， 所望求功 名， 去到
来再世， 惹 动， 惹动割吊 人， 只[②]

3 2 1 2 | 3 - | 3 5 2 3 | 6 6 7 6 |
苏州遇亚 仙， 因只上我 贪 恋她
都是如醉 痴， 双人做卜 天 高

5 5 0 6 6 | 3 5 3· 2 | 1 2 6· 1 | 1. 2 3 2 1 |
新鲜， 即 将只许多 钱粮尽都 破了一尽
地阔，我谁想 今旦 来拆散，

2 - | 6 6 5 | 5 0 | 5 5 0 6 6 |
空， 心 念 念， 念念 思，

7 2 2 2 | 6 2 7 6 | 5 - | 5 5 3 2 |
想 我 有 日 返 家 乡， 我 厝③ 爹 妈

1 1 2 2 2 | 3 2 2 3 | 5 6 5· 3 | 2 2 3 5 |
那 知 打 骂 一 场， 来 往 不 得， 思 量

2 2 :‖ 2. 2 2 2 6 | 2 6 6 6 2 | 3 5 5 5 | 2 5 5 5 2 |
无 计。 钱 散， 钱 散 盘 缠 空， 我 勿 会④得 去 上

3 - | 3 3 3 5 2 3 | 6· 6 7 6 | 5 5 0 6 6 |
京， 今 卜 值 时⑤ 返 去 家 乡， 卜

3 5 3 2 | 1 2 6 6 6 1 | 2 3 3 3 1 | 2 - ‖
见 我 兄 弟 父 母， 一 家 通⑥ 来 再 团 圆。

①卜：要。②只：此。③厝：屋，引申为“家”。④勿会：不会。⑤值时：可时。⑥通：才能。

（三）拍胸乐的基本动作

1. 同安拍胸基本动作

（1）老鼠逐

首先双腿略微屈膝，重心置于左脚，右脚尖贴着左脚窝点地，上身前俯，双臂略微屈肘前平抬，左手掌心向上，右手手指点在左手心上，头稍稍向左倒，眼睛看向手，呈准备姿势。然后上身保持姿态，右脚起一拍一步走“圆场”。走时，右手用指尖碎点轻敲左掌心，如图 6-7 所示。

图 6-7 老鼠逐

（2）蜈蚣展须

第 1～2 拍时撤右脚成右“大踏步”，同时双手“剑指”从右向左划至左“山膀按掌”位，双手手心向上，眼睛看向左手，如图 6-8（a）所示；第 3 拍右脚向右前上步成“大八字步”，同时做右“云手”；第 4 拍时左、右脚先后跳起腿后踢向右旋转一圈，同时双手“剑指”在头上方小幅度做左“云手”；第 5 拍右脚落地后迅速蹬地跳起右“掖腿”，同时双手“剑指”旁划至头上方交叉，手心向前，如图 6-8（b）所示；第 6 拍右脚跺地，同时左腿勾脚旁吸；第 7 拍时左脚伸向左前，脚跟着地，同时双手做右“穿掌”成右“扬掌”，左掌心向上落在腰旁后下方，如图 6-8（c）所示；第 8 拍保持静止。

（a）

（b）

（c）

图 6-8 蜈蚣展须

（3）加令跳

手做“打八响”，左脚起，前脚掌着地，一拍走两小步。身体随着步伐略微上下颤动。注意步伐应保持细碎、轻盈。

（4）善财抢印

双手在胸前划“∽”形，同时双手一拍击掌两下；脚做“加令跳”，走“S”形路线。

（5）善财抢牌

第 1～2 拍双脚做“加令跳”，右手起，双手交替各拍左、右腿各两下；第 3 拍时左脚上步半蹲随，迅速做右“端腿”，右臂经旁上抬，垂指点右肩，左手掌心向上划下弧线至左前下方，如图 6-9 所示；第 4 拍左脚原位颠跳一下，同时左手上划拍右肘，右腿、右手保持原位。

图 6-9　善财抢牌

（6）矮步八响

手做“打八响”；双腿呈“小八字步全蹲”，左脚起，一拍两步交替向前挪动。

（7）善财观天

第 1 拍时左腿做“前吸腿”，右脚蹬地跳起，同时左手盖至胸前，右手向上掏出旁划；第 2 拍时上左脚跪右膝，右手“剑指”于“山膀”位，左手握拳于“提襟”位，眼睛看向左前方。

（8）老鼠出洞

第 1 拍的前半拍，右脚蹬地跳起，同时左脚先绷后勾腿前吸，顺势小腿外撇，头和上身向左拧；双手在胸前交叉后向上“分掌”，后半拍做前半拍的对称动作；第 2 拍时双脚先、后落地成“蹲裆步”，双手于胸前“内挽花”后合掌成指尖向上，头略自然晃动，如图 6-10 所示。

（9）青蛙扫蚊

第 1 拍时的脚部动作与“老鼠出洞”的第 1 拍动作相同，双手先左后右向外“单晃手”；第 2 拍双膝并拢下跪，小腿勾脚外撤贴地，臀后坐，同时双手于胸前“外挽花”后成合掌指尖向上，碎晃头，如图 6-11 所示。

图 6-10　老鼠出洞

图 6-11　青蛙扫蚊

（10）车轮掌

双手虎口张开，四指并拢，拇指朝上，掌心向后，左手在上、右手在下置于胸前。第1～2拍时右手拇指从下向上点左手背四次，变成右手在上、左手在下姿势，如图6-12所示；第3～4拍做第1～2拍的对称动作。

（11）青蛙喝水

双膝并拢，小腿外撇坐地，双手与“车轮掌”时准备动作相同。然后向左起小幅度“涮腰”一圈，同时双手做“车轮掌”顺着身体划一圈。

（12）青蛙游泳

第1拍时右胸向右前上步，左腿屈膝后抬，两臂先左后右“击肋”各一次；第2拍做第1拍的对称动作。

（13）鼠摆尾

双腿并拢蹬地跃起，小腿顺势后拍，上身随之右拧，双手握拳右摆，眼睛看向右手，如图6-13所示，落地成“小八字步半蹲”。

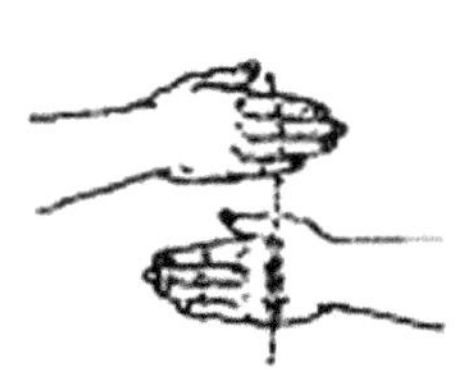

图6-12 车轮掌

图6-13 鼠摆尾

（14）公鸡斗一

第1～4拍以左脚为轴，上身略微前俯左拧，右脚于右后点地并向左转一圈，同时双臂做“快夹肋”，如图6-14所示；第5～8拍做第1～4拍的对称动作。“快击肋”做法与踩街拍胸的“快夹肋”动作相同。

（15）公鸡斗二

双脚蹬地跃起，小腿顺势上吸；双手顺势握拳挥至“托掌”位，上身随之向左拧，如图6-15所示。

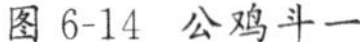

图 6-14　公鸡斗一

图 6-15　公鸡斗二

(16) 鸡展翅一

双腿保持“蹲裆步”一拍跺跳一下，同时两臂交替做“夹肋”。“夹肋”动作与踩街拍胸的“夹肋”动作相同。

(17) 鸡展翅二

双腿保持“蹲裆步”，一拍跺跳一下，臂部动作与“公鸡斗一”的动作相同。

2. 组合动作

(1) 公鸡斗组合一

第 1～2 拍时向右做“鸡展翅二”的动作；第 3 拍双脚起向右跳转半圈，同时左手“拍右胸”（同踩街拍胸的“拍右胸”动作）；第 4 拍做第 3 拍的对称动作。

(2) 公鸡斗组合二

第 1～3 拍时向右做“鸡展翅二”的动作；第 4 拍移重心成右“旁弓步”，同时双臂屈肘平架起；第 5～8 拍做第 1～4 拍的对称动作，并第 8 拍时双臂“夹肋”一下。

(3) 公鸡斗组合三

第 1～2 拍时向右做“鸡展翅二”的动作，第 3～4 拍做“公鸡斗二”的动作，第 5～8 拍做第 1～4 拍的对称动作。

3. 泉州拍胸基本动作

(1) 打八响

双腿呈大八字步半蹲，双臂屈肘抬至胸前做好准备。第 1 拍时，右手拍左掌一下，上身随之向右摆动；第 2 拍做第 1 拍的对称动作；第 3 拍做“拍左胸”动作；第 4 拍做“拍右胸”动作；第 5 拍右上臂“夹肋”（动作与踩街拍胸的“夹肋”动作相同）；第 6 拍做第 5 拍的对称动作；第 7 拍时，上身前俯左倾，左手拉至山膀位，右掌向右拍击右大腿，并顺势甩向左侧；第 8 拍做第 7 拍的对称动作。

（2）击掌回音

第 1 拍时左脚上步，同时右腿稍屈，右脚经擦地旁撩，上身顺势向左略晃，眼睛看向右前方，双手做“打八响”第 1 拍动作，如图 6-16 所示；第 2 拍脚做第 1 拍的对称动作，双手做“打八响”第 2 拍动作；第 3～8 拍时脚重复做第 1～2 拍动作 3 次，双手做“打八响”第 3～8 拍动作。

图 6-16 击掌回音

（3）八拍雄姿

左脚起，一拍一步，并以前脚掌着地，向前微跳行进，同时手做“打八响”。

（4）玉驴颠步

第 1 拍时双臂伸直向前抬起与头平，双手击掌，同时左脚原地踩一下，右腿顺势勾脚略微前踢，上身顺势微仰右拧，如图 6-17（a）所示；第 2 拍上身保持不变，双手再击掌，同时右脚前落，左脚自然离地；第 3 拍时换脚跳右转半圈，左脚落地，右小腿顺势后踢，双手随之下甩至腰后拍掌，上身前俯略微左拧，面向左前方，如图 6-17（b）所示；第 4 拍保持静止。

（a）

（b）

图 6-17 玉驴颠步

（5）金鸡独立

站“正步”微蹲，双臂屈肘前抬，掌心向下，五指自然屈起，呈准备姿势。第 1 拍时上左脚，右小腿随之略微后抬起，同时上身拧向右前，眼睛看向左前方，右臂保持不动，左臂做“夹肋”；第 2 拍双臂成准备姿态，左脚原位向左转一圈，右小腿随之稍稍后抬起；第 3～4 拍做第 1～2 拍的对称动作。

（6）善财抢牌

第 1～2 拍双腿“蹲裆步”，手做“打八响”第 7～8 拍动作；第 3 拍时左脚蹬地小跳，右腿顺势屈膝上提，同时左腿屈膝勾脚前抬经撩腿伸直，右手自然下垂，左手拍左肩；第 4 拍左脚伸至左前脚跟点地，左下臂上提成手心向下于左肩前，右手顺势上划做“上托击”左肘，如图 6-18 所示。

（7）蟾蜍出洞

第 1～2 拍时做“八拍雄姿”，先左手后右手分别拍腿；第 3 拍双脚跳起双臂顺势悠至胸前、下臂自然交叉，脚落地双腿稍分开半蹲，同时双手旁撩与肩齐平，如图 6-19 所示；第 4 拍保持静止。

图 6-18　善财抢牌

图 6-19　蟾蜍出洞

（8）半月斜影

接“蟾蜍出洞”姿势。第 1 拍时右脚上至右前顺势双膝跪地，左小腿拖地外撇，双臂略微屈肘，右手在上左手在下、掌心相对伸向右前，上身随之向右前方倾，眼睛看向左前方，如图 6-20 所示；第 2～4 拍向左起做“涮腰”，同时右手指碎点左掌心；第 5～8 拍时做第 1～4 拍的对称动作。

图 6-20　半月斜影

(9) 大阄鸡行

双腿保持“蹲裆步”，一拍跺跳一次；双手松腕下垂，双臂交替一拍做一次“夹肋”；头部和上身随着左、右晃动。

(10) 小阄鸡行

双腿保持“大八字步全蹲”，一拍跺跳一次；双手松腕下垂，双臂交替一拍做一次“夹肋”；头部和上身随着左、右晃动。

(11) 退场步

双腿“蹲裆步”，一拍跺跳一次，面向右前方呈准备姿势。第1拍时双手于胸前击掌一次；第2拍右手撩向右前上方，左手自然下垂。

4. 官桥拍胸基本动作

(1) 转手拍掌

右手在上、左手在下，双手互拍一下，然后双手顺弹做揉球状，换成左手在上、右手在下，再互拍一下。

(2) 三步一踹

手做“打八响”。第1～3拍时左脚起每拍一步向左横走3小步，左脚顺势蹬地向上小跳一下，右腿顺势勾脚吸起；第4拍右脚向上跳一下，同时向左前踹出；第5～8拍时右脚向右起做刚才动作的对称动作。

(3) 七步一踢

手做“打八响”。第1～3拍时左脚起每拍一步向左横走7小步，左脚顺势蹬地向上小跳一下，右腿顺势勾脚吸起；第4拍右脚向上跳一下，同时向左前踹出；第5～8拍时右脚向右起做上述动作的对称动作。

(4) 挡水

双腿“蹲裆步”，双手略微前抬，呈准备姿势。第1拍时保持“蹲裆步”原地跺跳一下，同时上身前俯，双手向下分别拍击大腿，并顺势向后甩；第2拍双腿“蹲裆步”跺跳，同时上身左倾略微右拧，右腰上挑，向左甩头，双手同时甩向右侧，成右臂微屈肘平抬、左手于右肩前“立掌”，做遮挡从右泼来之水姿势，如图6-21 (a) 所示；第3拍的动作与第1拍相同；第4拍做第2拍的对称动作；第5～6拍双脚跺跳一下，同时上身前俯，双手用力拍大腿，顺弹起之势分别向右前和左后甩出，成右“扬掌”位，手心向前，左手于左后下方保持掌心向后，如图6-21 (b) 所示；第7～8拍双腿“蹲裆步”原位跺跳两下，双手向下按动两下，好像招手叫人一般；第9拍的动作与第1拍相同；第10拍时双脚跺跳一下，左臂撩至“山膀”位“立掌”，右臂屈肘，右手抬至右肩前，掌心朝前，然后上身顺势挺直，甩头看向左侧，如图6-21 (c) 所示；第11拍双脚跺跳一下，右手向右横推，左手至左肩前，成第10拍的对称姿态；第12拍做第11拍的对称动作；第 13 拍的动作与第 1 拍相同；第 14 拍时双脚原位小跳一下，同时双臂屈肘前抬，掌心向前遮脸，好像遮挡从前面泼来的水一样，上身随之后仰，如图 6-21（d）所示；第 15～16 拍的动作与第 13～14 拍动作相同。在做这个动作时，需要带梗劲，注意快速有力。

（a）　（b）　（c）　（d）

图 6-21　挡水

（5）单手挡

两人相对做“蹲裆步”，一侧手对拉，另一侧手自然下垂。第 1 拍时双腿保持“蹲裆步”原位踩跳一次，上身前俯，下垂手拍大腿后拉至“提襟位”，并相互对视；第 2 拍双腿保持“蹲裆步”原位踩跳一次，同时上身挺直，下垂手上提成“立掌”遮脸，做遮挡从左前泼来之水状，然后略微低头右拧；第 3～4 拍做第 1～2 拍的对称动作。

（6）田鸡跳

双腿“小八字步全蹲”，双臂屈肘自然前抬，呈准备姿势。第 1 拍时猛力蹬腿向前窜扑，同时双臂略屈快速前伸，然后旁划成上臂与肩平，掌心向下，如图 6-22（a）所示；第 2 拍落地四肢顺势屈起作蛙趴伏于地状；第 3 拍时双手撑地提身，双脚顺势踹向后上方，如图 6-22（b）所示；第 4 拍双脚落地，双手顺势推地而起，回到准备姿势。

（a）　（b）

图 6-22　田鸡跳

(7) 外撇腿跑

手部做“打八响”的动作。第1拍时，右脚向前跑跳，落地半蹲，左大腿顺势与大腿相搓，小腿随之勾脚外撇抬起45°；第2拍做第1拍的对称动作；第3～8拍重复做第1～2拍的动作3次。

(8) 全蹲跳

双腿“小八字步全蹲”，双臂屈肘略微前抬，呈准备姿势。第1拍时双腿保持全蹲跺地跳1次，同时右手拍大腿顺势滑向右下，上身随之右倾；第2拍做第1拍的对称动作；第3～4拍的动作与第1～2拍相同；第5～8拍双腿原位跳跺地四下，上身随之上、下弹颤，同时双手在胸前做“转手拍掌”(动作与踩街拍胸的“转手拍掌”动作相同)。

(9) 扭膝跑

上身前俯，扣胸收腹，双臂屈肘握拳略微架起，眼睛看向前下方。右脚略微上步，落地后迅速向外微碾，左腿经左前吸起向里拐膝，臀部顺势向右扭；同时，右上臂向前搓击肋部，左臂经旁向后划，如图6-23所示。然后再做上述动作的对称动作。需要注意的是，双臂应交替呈椭圆形路线向前搓击两肋，动作要快速有力，像追逐向前蹿跳的田鸡一样。

(10) 抓田鸡一

上身前俯，扣胸收腹，双臂屈肘握拳略微架起，眼睛看向前下方。双腿保持半蹲，两脚交替后踢向前跑，顺势向里拐膝。臂部动作基本与“扭膝跑”的一致，但是双手在臂肘搓击肋部后，应像鹰爪形交替快速前伸做抓田鸡状，如图6-24所示。

图6-23 扭膝跑

6-24 抓田鸡一

(11) 抓田鸡二

双腿“小八字步半蹲”，佝胸、腆腹、坐胯，双臂屈肘下垂，呈准备姿势，如图6-25(a)所示。第1拍时双肘上提微张，突然夹击两肋，然后下臂前抬，同时右脚踮起即快速拔腿勾脚前吸，顺势凹胸、收腹、伸脖，左腿随之稍稍下沉，眼睛看向前下方，如图 6-25（b）所示；第 2～3 拍双手从下巴下面缓慢地前伸，作欲抓田鸡状，同时展身、立腰、腆腹、耸肩、梗脖，右脚悄悄朝前探出，左腿随之略微立起，眼睛紧盯前下方，如图 6-25（c）所示；第 4 拍重心前移至右脚掌的同时拱背、坐胯，双分手经下收成准备姿势；第 5～8 拍时双脚做第 1～4 拍的对称动作。

需要注意的是，夹肋吸腿时应快且脆，伸手探脚时则要慢且轻，好像抓田鸡时害怕田鸡跑掉而蹑手蹑脚状，同时诙谐地学田鸡胀肚伸展四肢的形态。此外，两眼应始终紧盯前下方。

（a）

（b）

（c）

图 6-25　抓田鸡二

5. 跳法说明

拍胸乐可以由单人、双人或多人表演。舞者多赤膊赤足，穿短裤，伴着《三千两金》的音乐节拍起舞。一般情况下，拍胸乐以“打八响”贯穿始终，多做“击掌回音”和“八拍雄姿”等动作随队游舞；在广场、街头、厅堂和庙堂表演时，会做“玉驴颠步”和“金鸡独立”等难度较大的动作。在空旷的场地上，可以变换圆圈、横排、竖排等队形，或用二人绕转、横移换位和前后交换等形式起舞。表演时限制不多，动作的衔接没有定规，具有很强的随意性。在舞至高潮时，舞者和观众们情绪激昂，泼水嬉戏，闹成一片，呈现出一片热闹、欢乐的景象。

三、乞丐拍胸

（一）概述

在中华人民共和国成立之前，闽南一带乞丐成群，有很多人通过卖艺来讨钱糊口。在当地广泛流传的拍胸舞、甩球舞和钱鼓舞等，均是他们卖艺用的表演形式。他们边唱边跳，唱词以顺口溜为主。例如，他们在拍胸时的《乞丐歌》中唱道："有钱有人是说有话，无钱无人是说无话，歹命艰苦是哇苦噜，阿官阿娘可怜我；我厝苦仔等我吃，老陛老姆勿会走路，无天无地害死人。"这是一段闽南语唱段，意思是："对有钱人有话说，对无钱人无话说，我命苦活得很苦，老板老板娘可怜我；我家有孩子等饭吃，老父老母不会走路，无房无地害死人。"表演者们出口成句，将穷苦人的悲惨生活和心境自然、真实地表现出来。

在表演乞丐拍胸时，多赤膊赤足，之所以这样打扮，有两个原因，一个是还原乞丐本色，还有一个则是为了使拍出的声音更加好听，帮助增强节奏感和表演效果。乞丐们走街串巷，走到别人家门口或有人的地方便会开始跳起舞来，向人乞讨。在开始时，一般会小心谨慎些，动作拘谨，幅度不大，然后再慢慢放开手脚。其动作主要是表现乞求，包括"求步""拜步""要钱步""跪步""前滚翻"等。其中，"前滚翻"是拍胸舞中唯一的跟头动作，这个动作来源于一个乞丐一直要不到钱，在见到一个有钱人时害怕其走掉，所以赶忙翻个跟头到此人面前要钱。此外，还有故作姿态的动作和来自生活的动作。像"帮殿步"（闽南语译音，意为偷看人）便是一种故作姿态的动作，主要是为了讨好人，扭臀、摆动身体和用手拍肘；最具代表性的来自生活的动作是"耳朵痒"，由于乞丐身上有很多虱子、跳蚤，舞着舞着耳朵痒起来时，舞蹈又不能停，只好脚下舞着，手放在耳朵旁，好像是在睡觉，其实是在歪头抓耳朵。无论哪个动作，都是在"打八响"的基础上即兴变化，均突出了"拍胸"的特点。

（二）音乐

在表演乞丐拍胸时，会边唱《乞丐歌》边舞，这首乐曲的曲调低沉、忧伤，将旧社会乞讨者艰难凄惨的生活境遇和悲伤无望的痛苦心情充分展现出来。舞者在自唱自跳时，还可根据表演对象即兴编唱歌词，因此整个表演具有很大的随意性。

乞丐歌

传授　郭金锁

记谱　贾淑华

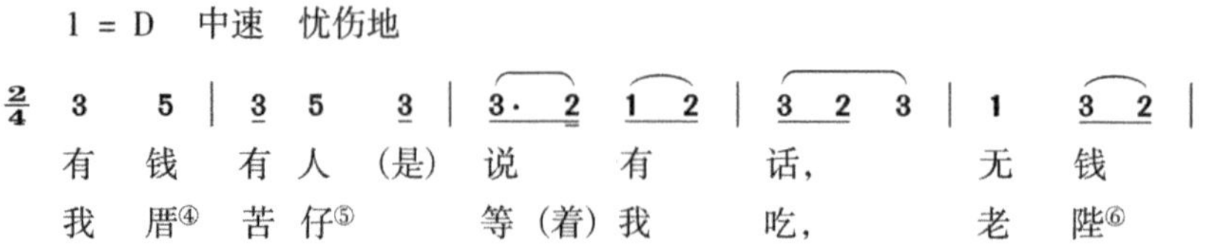

1 = D　中速　忧伤地

$\frac{2}{4}$ 3 5 | 3 5 3 | 3· 2 1 2 | 3 2 3 | 1 3 2 |

有 钱 有 人 （是） 说 有 话， 无 钱

我 厝[4] 苦 仔[5] 等（着）我 吃， 老 陛[6]

1 2 3 | 6· 1 2 3 | 1 6 1 | 1 5 | 6 1 6 |
无 人 (是) 说 无 话， 歹 命 艰 苦 (是)
老 姆 (勿) 会 走 路， 无 天 无 地 (是)

2 1 3 5 | 3 2 3 | 5 6 5 | 3 5 3 | 2· 5 3 2 | 1 – ‖
哇 苦 噜，① 阿 官② 阿 娘③ (着) 可 怜 我。
害 死 人， 阿 官 阿 娘 (着) 可 怜 我。

①哇苦噜：为“很苦”之意。②阿官：老板。③阿娘：老板娘。④我厝：我家。⑤苦仔：苦孩子。⑥老陛：父亲。⑦老姆：母亲。

(三) 服饰与造型

1. 服饰

舞者头戴草编头圈，穿黑色短裤，赤膊赤足。

2. 造型

舞者的造型如图 6-26 所示。

图 6-26　乞丐拍胸舞者造型

(四) 乞丐拍胸的动作

1. 基本动作

(1) 涮腰拍手

双臂环抱于胸前，第 1～4 拍做左“涮腰”，两手一拍一击做“转手拍掌”(动作与踩街拍胸的“转手拍掌”动作相同)，第 1 拍要右手在上拍掌，如图 6-27 所示。第 5～8 拍做上述动作的对称动作，即右“涮腰拍手”。

图 6-27 涮腰拍手

(2) 高兴步

第 1～2 拍双脚一拍一步做“后踢跳”(与踩街拍胸的“后踢跳”动作相同)，上身快一倍做左“涮腰拍手”；第 3 拍时的脚部动作与第 1 拍相同，双手拍腿顺势后甩，上身随之前俯；第 4 拍的脚部动作与第 2 拍相同，双手拍大腿后侧顺势微屈肘前甩，同时塌腰仰身抬头，如图 6-28 所示。

(3) 求步

第 1 拍时左脚向左跳一步，落地微蹲，右腿顺势前吸与左腿相靠，同时提右手前伸摊手作乞讨状，右手向右拍右大腿外侧一下，上身略微左倾，稍稍压颈、腆颏，作哀怜之状，眼睛看向前方，如图 6-29 所示；第 2 拍时做第 1 拍的对称动作；第 3 拍双脚同时向前蹦落成“小八字步半蹲”，上身前俯，两肘前顶，垂指点双肩；第 4 拍时双脚原地跺跳一次，同时双手向下拍腿，上身略仰。

图 6-28 高兴步

图 6-29 求步

(4) 帮殿步

站“小八字步”，右手握拳于脸部右侧，左手“立掌”贴于右肘内侧，如图 6-30 (a) 所示。第 1 拍时右脚原位跳踏地，略微屈膝，左腿稍稍前吸，双肘平架起，压左肩，出右胯，头向右倒，如图 6-30 (b) 所示；第 2 拍左脚稍向左横跳一小步，略微屈膝踮脚，顺势出左胯，右脚贴靠左脚点地，同时双肘夹肋，用左手拍右肘弯里侧一下，同时压右肩，头向左倒，如图 6-30 (c) 所示。“帮殿”

是闽南语，意为偷窥人，所以在做动作时要注意眼神的运用。

（a）

（b）

（c）

图 6-30　帮殿步

（5）拜步

第 1～4 拍做“高兴步”；第 5 拍时左脚向左跳一步落地半蹲，同时右腿顺势旁吸，上身右倾，右手向右拍右腿外侧一下，左手旁抬至“山膀位”，如图 6-31 所示；第 6 拍做第 5 拍的对称动作；第 7～8 拍左脚起“后踢跳”四步，同时双手提至脸前合掌前甩腕，并向下拍手两次，头带动上身随之上、下点两下。

图 6-31　拜步

（6）耳朵痒

首先，站“正步”踮脚，下左旁腰，双手合掌抬于左耳旁，指尖朝左，头倒在手上作睡眠状。然后左脚起做“后踢跳”，原地向左转一小圈，双手每于左耳旁前拍手一下。也可以做对称动作。

（7）踉跄步八响

手做“打八响”，脚走“十字步”，全身松弛，头随之左右晃荡，做头晕眼花、站立不稳状。

（8）掖腿四响

双腿“蹲裆步”，呈准备姿势。第 1 拍右脚右横跳一步，左腿顺势勾脚旁掖，上身右倾，右手向下拍右腿，左手为自然状；第 2 拍时做第 1 拍的对称动作；第 3 拍的脚部动作与第 1 拍相同，右臂做“夹肋”；第 4 拍做第 3 拍的对称动作。

(9) 打单响

双腿“蹲裆步”，双臂屈肘平架起，呈准备姿势。然后双腿保持姿态一拍跳一次，双臂顺势“夹肋”一下，头部随着前点。

(10) 要钱步

第1～4拍双腿“蹲裆步”，手做“打八响”的第1～4拍动作，头随之碎晃；第5拍下身不动，俯上身贴近大腿，双手撑地，头扎向裆下；第6拍做“前滚翻”；第7～8拍双膝跪地绷脚，臀部坐在脚跟上，上身尽量向前探出，双手前伸做讨钱状；第9～10拍时起上身，放松腰部，臀部上、下弹颤两次，同时双手向下拍腿两下；第11拍臀部弹颤一次，双手于胸前相拍并点头一次；第12拍臀部弹颤一次，同时左手向下拍左大腿，右手伸向右前，眼看右前点头作求乞状；第13～16拍时做第9～12拍的对称动作。

(11) 跪步

双腿“蹲裆步”，凹胸收腹，双臂屈肘平架，十指蜷起作抓物状。第1～2拍双腿稍立再微蹲，向左、右各移一步，同时上身做左“涮腰拍手”；第3拍时上左脚、跪右膝，上身随之左拧，同时右手“拍左胸”（与踩街拍胸的“拍左胸”动作相同），左手向左平抬；第4拍双腿姿态不变，做与第3拍的对称动作；第5～6拍上右脚，跪左膝，两臂先左后右各“夹肋”一下；第7～8拍时右腿向前压膝跪地，左膝拖地跟上，同时双手拍腿两下。注意动作应保持自然、松弛，上身随双腿的起伏而上下弹颤，呈现出怯弱乞怜状。

2. 跳法说明

在跳乞丐拍胸时可以单人跳，也可以与别人同跳，手中可持摇钱树、钱鼓等道具。乞丐拍胸中的各种动作都是为了讨得钱物，在沿街乞讨时，他们会做“拜步”“求步”“要钱步”等，动作充满哀告、乞怜的情感；如果要不到钱，他们会做一些滑稽的“耳朵痒”或故作姿态的“帮殿步”等动作取悦于人。此外，他们还会根据需要做“前滚翻”等难度较大的动作，直到讨到钱或物才会离去。

四、酒后拍胸

（一）概述

酒后拍胸是人们在喝酒喝得正高兴之时，趁着酒兴而跳的拍胸舞。舞者醉意熏熏，感觉非常开心，具有一番独特的韵味。在旧时，一些无家可归的乞丐奔波一天，集体栖身于破庙之中。然后大家将讨来的食物和打来的米酒摆上，围在火旁边聊边喝，喝到微有酒意、兴起时便拍胸顿足，围火而舞。此时他们跳的舞与白天讨饭时跳的舞完全不同，这时的他们一无所求，无拘无束，充分施展出多年技艺，非常得心应手。酒后拍胸的基本特点是想到什么跳什么，见到什么舞什么。像“蜘蛛步”“蜘蛛放丝”便是看到破庙中的蜘蛛吐丝做网、在网上爬的情景。他们在舞蹈中模拟蜘蛛爬行、蜘蛛吐丝的形态，舞步左右横移，脚在地面上拖，胯随身摆，双手划圈拍胸，身体扭动，和着酒意，动作显得优美、潇洒。当他们看到蟋蟀跳来跳去、相互斗架后，便学蟋蟀蹦跳、角斗，形成了“蟋蟀跳”和“斗牛步”等舞步。这些舞步是酒后所跳，所以身躯会有些扭动，胯部动作非常多。酒后拍胸除了带有一种醉态之美，还透着一种豪气，再加上头部不停地小幅晃动，给人一种得意忘形之感。

（二）音乐

酒后拍胸所用的音乐《醉中乐》没有歌词，由表演者边舞边哼唱“工尺谱”。平稳舒缓的曲调将表演者的醉态舞姿惟妙惟肖地衬托出来。舞至高潮，随着音乐的速度逐渐加快，吐字也变得更加干脆有力。

醉中乐

传授　郭金锁

记谱　贾淑华

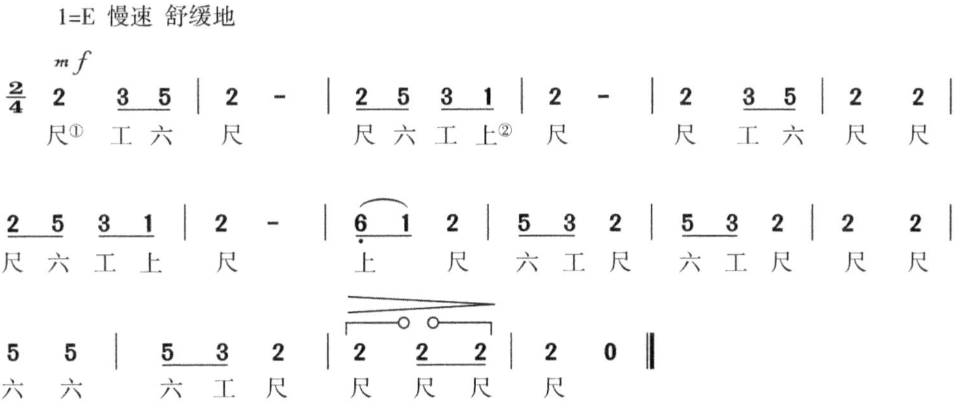

1=E 慢速 舒缓地

mf

2/4 2 35 | 2 - | 25 31 | 2 - | 2 35 | 2 2 |

尺① 工 六 尺 尺 六 工 上② 尺 尺 工 六 尺 尺

25 31 | 2 - | 6̣1 2 | 53 2 | 53 2 | 2 2 |

尺 六 工 上 尺 上 尺 六 工 尺 六 工 尺 尺 尺

5 5 | 53 2 | 2 22 | 2 0 ‖

六 六 六 工 尺 尺 尺 尺 尺

①尺唱成“才耶”音。②上唱成“响”音。

(三) 服饰与造型

1. 服饰

舞者下身穿黑色短裤，赤膊赤足。

2. 造型

酒后拍胸舞者的造型如图 6-32 所示。

图 6-32 酒后拍胸舞者造型

(四) 酒后拍胸的动作

1. 基本动作

(1) 蜘蛛步

双手做“打八响”(与踩街拍胸的“打八响”动作相同)。第 1 拍时，左脚拖地旁划向右前迈一大步，重心渐移成右“大掖步”状，上身顺势经扣胸收腹左拧后仰，如图 6-33 (a) 所示；第 2 拍右脚做第 1 拍的对称动作，上身后抻，最后一瞬间向左甩；第 3 拍时左脚擦地向左横移，上身往右晃摆，如图 6-33 (b) 所示；第 4 拍右脚向右后撤一大步，上身向左前晃摆；第 5～8 拍做第 1～4 拍的对称动作。需要注意的是，动作要尽量抻满节拍，做到先慢后快。注意身体应该松

(a)

(b)

图 6-33 蜘蛛步

弛些，左冲右撞，脚步踉跄。此外，眼神应在恍惚恍迷离间带一丝戏谑之意，呈现出酒后的微醺姿态。

（2）蜘蛛放丝

第 1～4 拍做“蜘蛛步”的第 1～4 拍动作；第 5 拍左腿经旁抬向前划弧点地，上身随之如右“涮腰”状环动，向左顶胯，顺势做右“击肋”，如图 6-34（a）所示。当上身“涮”至左后时，左脚前探落于右前，然后俯身向右冲摆，右手顺势向前伸出，如图 6-34（b）所示。第 6 拍时做第 5 拍的对称动作；第 7 拍左脚横迈一步，顺势向左顶胯，同时右手向左拍右大腿，左手顺势向左提起；第 8 拍脚保持原位，然后做第 7 拍的对称动作。

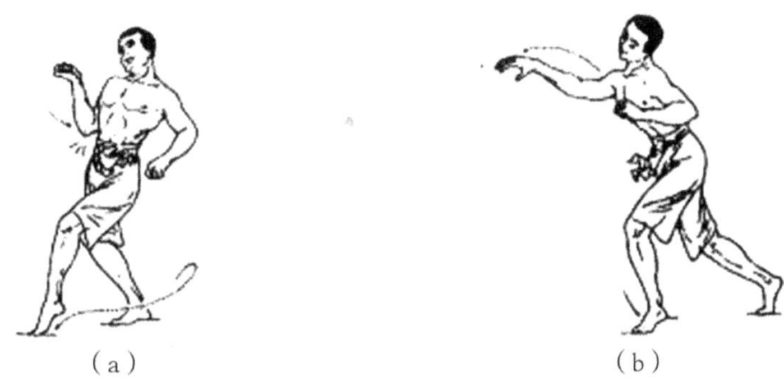

（a）　　（b）

图 6-34　蜘蛛放丝

（3）老头步

双腿站“大八字步”，呈准备姿势。第 1～4 拍左腿直立，右腿微屈，胯顶向左后顺势经左转动再顶向右前，同时手做“打八响”的前四拍动作，如图 6-35 所示；第 5 拍时向左后快速顶胯，顺势屈左腿直右腿，同时做右“击肋”，张左腋；第 6 拍做第 5 拍的对称动作；第 7～8 拍手做“打八响”的第 7～8 拍动作，其余动作同第 5～6 拍。这个动作强调胯部的转动，上身要略扣胸、收腹，随胯微微转动。

（4）蟋蟀跳

站“正步”，双臂屈肘旁架起，呈准备姿势。第 1 拍右脚向右横跳一步，右膝顺势跪地，左腿屈膝勾脚外撇拖地，臀部后坐，上身右倾，同时双臂“夹肋”随即弹开，如图 6-36 所示；第 2 拍大腿和臀部上下弹颤一次，手部动作与第 1 拍的相同；第 3～4 拍做第 1～2 拍的对称动作。

图 6-35　老头步

图 6-36　蟋蟀跳

(5) 斗牛步

甲左乙右同向站立，甲“蹲裆步”，上身略微左倾，向右扭头瞪乙，手做“打八响”第5～6拍动作四次，并渐下左旁腰；乙左腿直立，右脚旁点，上身稍左倾，手部动作与甲相同，随甲渐下左旁腰，眼睛盯着甲。然后二人对换动作。这个动作好像带着醉意模仿蟋蟀互斗。

2. 跳法说明

酒后拍胸在地点和人数上没有限制，一般是在酒后自娱或娱人。有时虽未喝酒，在财主寿诞、喜庆之日也可以进行表演。舞者围圈站立，面朝圆心，作举杯、干杯状，接着高喊一声“呼——咳!”，然后迅速蹲下，双手交替不停地用力拍地，拍到兴起，便唱着《醉中乐》跳起舞来。舞时基本以圆圈队形为主，位置可以左、右互换。此外，也可以分成里、外圈交替进出换位，或是按顺、逆时针方向循圆圈边转边舞。一般情况下，先做“蜘蛛步”和“蜘蛛放丝”，舞到情绪激昂时，做“蟋蟀跳”和“斗牛步”，等到舞至高潮再做“蜘蛛步”，然后慢慢结束。酒后拍胸表演具有非常强的即兴性。

上述四种不同风格的拍胸舞基本包括了拍胸舞的基本动律和舞姿技巧，同时也赋予了拍胸舞动作不同的内容和含义，可以综合体现出拍胸舞动作在节奏、力度、速度和幅度变化的运动现象。通过分别掌握这四种拍胸舞，有助于提高舞者的动作表现力，从而生动地表现出不同的形象特征。

参考文献

[1] 付玉坤. 民俗体育研究 [M]. 济南：山东教育出版社，2012.

[2] 戴维红. 妈祖信俗中民俗体育的变迁 [M]. 厦门：厦门大学出版社，2012.

[3] 杨莽华，马全宝，姚洪峰. 闽南民居传统营造技艺 [M]. 合肥：安徽科学技术出版社，2013.

[4] 李继勇，贺泽劲. 行走福建 [M]. 广州：广东旅游出版社，2012.

[5] 杜德全，周盟渊. 五祖拳文化研究 [M]. 厦门：厦门大学出版社，2012.

[6] 陈火裕. 南少林五祖拳 [M]. 北京：人民体育出版社，2010.

[7] 刘春曙. 闽台乐海钩沉录 [M]. 福州：海峡文艺出版社，2008.

[8] 周盟渊. 五祖拳制胜奇招 [M]. 北京：北京体育大学出版社，1996.

[9] 石奕龙，余光弘. 闽南乡土民俗 [M]. 福州：福建人民出版社，2007.

[10]《中华舞蹈志》编辑委员会. 中华舞蹈志：福建卷 [M]. 上海：学林出版社，2014.

[11] 中国民族民间舞蹈集成编辑部. 中国民族民间舞蹈集成：福建卷 [M]. 北京：中国 ISBN 中心，1996.

[12] 周明渊. 南少林五祖拳 [M]. 2 版. 福州：福建人民出版社，1998.

[13] 林建华. 福建武术史 [M]. 厦门：厦门大学出版社，2013.

[14] 福建省炎黄文化研究会，福建省文联. 闽台传统文化研究文集 [M]. 福州：海风出版社，2008.

[15] 林松伟，郭锋. 福建民间舞教程 [M]. 福州：海潮摄影艺术出版社，2008.

[16] 林华东. 泉州学研究：第 2 辑 [M]. 厦门：厦门大学出版社，2006.

[17] 泉州市文化局，泉州市新海路闽南文化保护中心. 泉州非物质文化遗产图典 [M]. 福州：海峡文艺出版社，2007.

[18] 郭鑫锁，黄明珠. 闽南民间舞蹈教程 [M]. 上海：上海音乐出版社，2008.

[19] 黄明珠. 闽南传统民间舞蹈文化 [M]. 上海：上海音乐出版社，2013.

[20] 吴松青. 闽南地方文化概览 [M]. 厦门：厦门大学出版社，2016.

[21] 陈燕玲. 闽南文化概要 [M]. 厦门：厦门大学出版社，2013.

[22] 林华东. 闽南文化闽南族群的精神家园 [M]. 厦门：厦门大学出版社，2013.

[23] 厦门市同安区政协文史资料委员会. 同安文史资料：地灵人杰专辑 [M]. 2005.

[24] 孙秀锦. 泉州刣狮 [M]. 北京：九州出版社，2014.

[25] 许在全等. 泉州掌故 [M]. 福州：福建人民出版社，2001.

[26] 蔡湘江. 泉州民间舞蹈 [M]. 福州：福建人民出版社，2006.

[27]《首善芗城》编委会. 首善芗城 [M]. 福州：海峡文艺出版社，2009.

[28] 张延庆. 少数民族传统体育理论与实践 [M]. 北京：中央民族大学出版社，2011.

[29] 钱玉林，黄丽丽. 中华传统文化辞典 [M]. 上海：上海大学出版社，2009.

[30] 福建省人大常委会科教文卫委员会. 福建民族民间传统文化历史·现状与思考 [M]. 福州：福建人民出版社，2008.